唐宋时期
城乡经济关系研究

戴顺祥　著

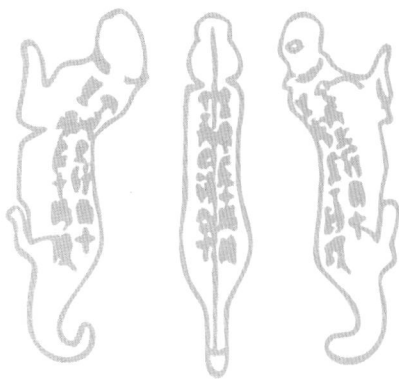

人民出版社

目　录

第一章 绪 论

自有人类出现并具有社会生活以来，人类的聚落形态就随着社会经济的发展逐步分离为城市和乡村，二者构成了人类生存聚居的主体部分。以城市和乡村为中心，居住于其中的人类通过自身的生产生活与社会活动，一起构成了迥然不同而又相互联系紧密的人类文明整体历史。本书在梳理先秦至隋唐时期城乡经济关系发展的基础上，以"唐宋时期城乡经济关系"为研究对象展开探讨。

一、问题的提出及研究意义

恩格斯指出："当我们深思熟虑地考察自然界或人类的历史或我们自己的精神活动的时候，首先呈现在我们眼前的，是一幅由种种联系和相互作用无穷无尽地交织起来的画面。"[1] 换言之，世界是一个相互联系的统一整体，任何事物和个人都是世界整体联系之网上的一个一个部分、环节或子系统，并且通过这一整体或巨系统体现出与他物或他人或系统的相关性和联系性。自然界、人类社会和人的思维内部及其三大领域之间都不是孤立的存在，而是相互影响、相互制约和相互作用，从而演化出了物与物、人与物和人与人的关系。基于这些关系，整个世界形成了普遍联系的整体，人类社会构成了一个关系的社会。马克思也特别强调："人们在自己生活的社会生产中发生一定的、必然的、不以他们的意志为转移的关系，即同他们的物质生产力的一定发展阶段相适应的生产关系。这些生产关系的总和构成社会的经济结构。"[2] 马克思进一步指出："人们在生产中不仅仅同自然界发生关系。他们如果不以一定方式结合起来共同活动和互相交换其活动，便不能进行生产。为了进行生产，人们便发生一定的联系和关系；只有在这些社会联系和社会关系的范围内，才会有他们对自然界的关系，才会有生产。"[3] 正是在这一意义上，马克思又把生产关系总和称为经济基础，他说："任何时候，我们总是要在生产条件的所有者同直接生产者的直接关系——这种关系的任何形式总是自然地同劳动方式和劳动社会生产力的一定的发展阶段相适应——当中，为整个社会结构，从而也为主权和依附关系的政治形式，总之，为任何当时的独特的国家形式，找出最深的秘密，找出隐蔽的基础。"[4]

马克思主义认为，社会全部经济的发展，可以概括为城乡分离对立运动的历史。城乡分离对立运动的过程，是乡村城市化的过程，同时也是人类社会发展的过程。乡村城市化反映并促进生产力发展,出现分离对立运动也促进社会生产关系的变革。城乡分离"可以看作是资本不依赖于地产而存在和发展的开始,也就是仅仅以劳动交换为基础的所有制的开始"。"第一次大分工,即城市和乡村的分离,立即使农村人口陷于数千年的愚昧状况,使城市居民受到各自的专门手艺的奴役。它破坏了农村居民的精神发展的基础和城市居民的体力发展的基础"。[5] 这表现为城市(实际上是统治阶级)对乡村(被统治阶级)的压迫、剥削和掠夺。

可见,城乡差别从产生到对立,再转化为差别及至消灭,这一演变的历史,贯穿人类社会的始终。正因为如此,从历史的角度考察传统社会的城乡经济关系,可谓是研究传统社会经济发展的主要内容;甚至可以这样说,理清城乡关系特别是城乡经济关系问题,在一定意义上是揭示一切社会历史发展脉络的关键之一。换言之,探求传统社会的城乡关系,也是解开中西社会的历史命运为何大相异趣这一谜团的中心环节。不唯如此,在今天的中国,与传统农业文明密切相关的农村、农业和农民问题已经成为制约中国经济社会发展和实现现代化进程的重要问题。究其实质而言,"三农"问题的提出,是伴随着以工业文明为载体的工业、城市和工人等现代文明因素的出现而出现的。因此,"三农"问题实际上就是一个城乡关系,特别是一个城乡经济关系问题。对这一问题的关注和寻求解决之道的现实需求,迫切需要学术界对其进行学理或学术层面的分析和研究。著名历史学家张荫麟先生曾经说过:"我们的历史兴趣之一是要了解现状,是要追溯现状的由来,众史实和现状之'发生学的关系'(Genetic Relation)有深浅之不同,至少就我们既知是如此。按照这一标准,史实和'现状'之'发生学的关系'愈深愈重要,故今近史家每以详近略远为旨。"[6] 因此,回观历史,以历史审视当下,并进而将当代城乡经济关系问题置于历史进程中加以观察,既是历史学不容回避的研究课题,也是历史学回应并作用于当下时代的基本功能。

　　基于以上的认识,本书研究的第一个目的在于探索唐宋时期城乡经济关系的变化。毛泽东同志指出,从现象上看,人类生活的聚居地,"主要是两块地方,一块叫农村,一块叫城市"。[7] 在人类社会历史的发展过程中,"城乡关系的面貌一改变,整个社会的面貌也跟着改变"。[8] 在某种意义上,城乡发展几乎就是一个地区、国家或民族经济社会发展的同义语。一个地区、国家或民族工业化、城市化和现代化的过程,就是城乡关系不断变化、发展和改善的过程,即城乡分离对立和城乡差别逐步被城乡依存、协调和融合所取代,最终实现城乡经济的一体化和城乡居民经济社会地位的平等。显然,城乡关系在人类社会林林总总、纵横交错的关系之中具有基础性、根本性的地位,城乡关系特别是城乡经济关系问题是人类社会经济发展史上的一个根本性的问题,具有重要的研究价值。

唐宋时期是中国古代城乡经济关系发展的重要时期。早在中国古代的春秋战国秦汉时期,商品经济就已颇为活跃,城乡交流与日俱增,特别是"从战国开始,国鄙的分化消失后,城乡交流变得相对自由"。[9]唐代特别是唐中叶以迄宋代,商品经济重新获得复苏和前所未有的全面发展,进入到了中国古代商品经济发展的第二个高峰,"商品经济发展的轨迹就是一个社会或一个时代的经济曲线"。[10]在商品经济的推动下,城乡交流日益繁盛,市镇经济和城郊经济获得了巨大的发展,城乡之间出现了"交相生养"的新型关系。唐宋时期城乡经济关系的发展,为明清城乡经济关系的发展确定了基调,奠定了发展的基础。可以说,研究中国历史时期的城乡关系,特别是城乡经济关系的发展,就不能不对唐宋时期的城乡经济关系进行系统的探讨。因此,本书选择唐宋这一古代商品经济的发展期和社会变革期为研究时段,探索唐宋城乡经济关系的发展与变迁。

本书研究的第二个目的在于为"唐宋变革"研究提供一种认识的思路。唐宋时期是我国历史上的一大变革时期。明代陈邦瞻《宋史纪事本末》中指出:"宇宙风气,其变之大者三:鸿荒一变而为唐虞,以至于周,七国为极;再变而为汉,以至于唐,五季为极;宋其三变,而吾未睹其极也。今国家之制,民间之俗,官司之所行,儒者之所守,有一不与宋近乎?非慕宋而乐趋之,而势固然已。"近代以来,陈寅恪在《论韩愈》一文中指出:"综括言之,唐代之史可分前后两期,前期结束南北朝相承之旧局面,后期开启赵宋以降之新局面,关于政治社会经济者如此,关于文化学术者亦莫不如此。"[11]1910年,内藤湖南在日本《历史与地理》第9卷第5号发表了《概括的唐宋时代观》的文章,首次提出了"唐宋变革"的观点。在这篇文章中,内藤湖南指出唐代和宋代在历史、文化上存在显著的差异,唐代是中世纪的结束,宋代是近世的开端。自此以后,"唐宋变革"论成为唐宋史研究的热点。一个世纪以来,尽管中外学者对于"唐宋变革"的认识和理解还不尽相同,但都认为唐宋时期发生了具有重大历史意义的变革。从经济史研究的视角看,商品经济无疑是引发唐宋社会变革的根本因素。[12]城乡经济互动并不断加强,推动了社会经济的发展,是唐宋社会变革的显著时代表征。

在商品经济的推动下,唐宋城乡社会经济都出现了巨大的变化,以致有学者提出唐宋时期出现了"市场结构与城市化的革命"和"农业革命"[13]。在城市,坊市制度瓦解,城市经济的发展和城市化进程达到了前所未有的高度,城市市场规模扩大,市场空间不断拓展,城市生产和消费都出现了很多新的特点,城市作为商品流通中心的功能日益凸显。在农村,中唐以后均田制逐渐瓦解,土地产权制度的变化极大地促进了生产力的解放和提高,农业生产商品化进程加快,农村专业户大量出现,大量草市镇如雨后春笋般在农村地区兴起,乡村经济结构的调整和市场关系向乡村的拓展成为唐宋农村经济发展的新特点。在城乡经济变革和发展的共同作用下,城乡经济联系的深度和广度不断拓展,城乡经济互动更为频繁。而推动这一切的根本力量就是商品经济。因此,本书对唐宋城乡经济关系进行研究和探讨,试图从一个侧面对唐宋变革问题进行考察,为唐宋变革研究提供一种认识的思路和学术注脚。

二、研究的文献回顾

中国古代城乡经济关系,特别是唐宋时期城乡经济关系的研究,前辈学者们早在 20 世纪初叶就已有所涉猎。回顾过去,这一课题的研究历程大体经历了三个阶段:

20 世纪 20 至 50 年代为第一阶段。20 世纪初,日本学者内藤湖南在日本《历史与地理》第 9 卷第 5 号发表的《概括的唐宋时代观》一文中认为"中国中世和近世的大转变出现在唐宋之际",提出了"唐宋变革"学说。继之而起,一批著名学者刊布了不少论著,但主要是以政治史为主,涉及这一课题的不过寥寥数篇而已。如金毓黻先生的《宋辽金史》(上海商务印书馆 1946 年),张荫麟先生的《宋代南北社会之差异》(《史地杂志》1940 年第 1 卷第 3 期)、《南宋末年的民生与财政》(北平《华北日报》史学周刊,1936 年11 月 12 日),陈乐素先生的《主客户对称与北宋户部的户口统计》(《浙江学报》1947 年第 1 卷第 2 期),陶希圣先生的《王安石以前田赋不均及田赋改革》(《食货》1935 年第 1卷第 12 期)、《北宋初期的经济财政诸问题》(《食货》1935年第 2 卷第 2 期),全汉昇先生的论文集《中国经济史论丛》(香港新亚研究所 1972 年)和《中国经济史研究》(香港新亚研究所 1978 年),李埏先生的《北宋楮币起源考》(《浙江大学文学院集刊》1943 年第 10 集)、《宋代四川交子兑界考》(昆明《中央日报》史学版,1940 年 4 月),张家驹先生的《南宋两浙之盐政》(《食货》1935 年第 1 卷第 12 期)、《"靖康之乱"与北宋人口的南迁》(《文史杂志》1942 年第2 卷第 3 期),邓广铭先生的《〈宋史职官志〉考证》(《史语所集刊》1943 年第 10 本)与《〈宋史刑法志〉考证》(《史语所集刊》1949 年第 20 本下)等等。

20 世纪 50 至 70 年代为第二阶段。这一时期,由于众所周知的原因,中国内地经济史学界关于这一课题的研究论著亦极为薄弱,而且多刊布于 1966 年之前。如蒙文通先生的《从宋代的商税和城市看中国封建社会自然经济》(《历史研究》1961 年第 4 期),吴天犀先生的《论宋代四川制盐业中的生产关系》(《文史哲》1964 年第 1 期),张亮采先生的《宋辽间的榷场贸易》(《东北师大科学集刊》1957 年 3 期),束世澂先生的《论北宋资本主义关系的产生》(《华东师大学报》1956 年第 3 期),柯昌基先生的《宋代雇佣关系的初步探索》(《历史研究》1957 年第 2 期),张家驹先生的《两宋经济中心的南移》(湖北人民出版社 1957 年),华山先生的《宋史论集》(齐鲁书社 1982 年版),戴裔煊先生的《宋代钞盐制度研究》(商务印书馆 1957 年版),关履权先生的《略论北宋社会经济的发展及其矛盾》(《中学历史教学》1958 年第 4 期)、《宋代广州香料贸易》(《文史》第 3 辑,中华书局 1963 年),王瑞明先生的《关于宋代的商税问题》(《光明日报》1961 年 10 月 25 日),李埏先生的《〈水浒传〉中反映的庄园和矛盾》(《云南大学学报(人文科学)》1958 年第 1 期)、《唐宋经济史》(未刊稿)、《宋代史稿》(未刊稿)、《唐宋社会的等级分析》(未刊稿),杨德泉先生的《试论宋代城市经济的繁荣》(《扬州师院学报》1962 年第 15 期)、《关于北宋商税的统计》(《扬州师院学报》1963 年 17 期),朱瑞熙先生的《关于北宋乡村下户的差役和免役钱问题》(《史学月刊》1964 年第 9 期),季子涯先生的《宋代手工业简况》(《历史教学》1955 年第 5 期),漆侠先生的《北宋熙宁时代农田水利事业的发展》(《光明日报》1950 年 6 月 21 日),程溯洛先生的《宋代城市经济概况》(《历史教学》1956 年 5 月号),孔经纬先生的《关于唐宋时期已有资本主义萌芽的历史事实》(《新史学通讯》1956 年第 3 期)、《关于宋朝富裕普通工商业者成长的某些事实》(《历史教学问题》1957 年 3 期),邓广铭先生的《王安石——中国十一世纪的改革家》(人民出版社 1979 年)等等。此外,加藤繁《中国经济史考证》(东洋文库 1962年)、曾我部静雄《唐宋时代的草市》(日本《社会经济学》1958 年第 24 期)、周藤吉之《宋代经济史研究》(东京大学出版会 1962 年)等对唐宋商品经济问题做了进一步阐述,对于唐宋城乡经济关系的研究具有重要参考价值。

　　20 世纪 80 年代至今为第三阶段。这一时期出版的有关唐宋城乡经济关系的论著可谓洋洋大观,不胜枚举。值得注意的是,这一阶段的研究主要有两大特点:第一,出现了一批涉及城乡经济关系的论著。漆侠先生的《宋代经济史》(上海人民出版社 1987、1988 年)内容广博,资料翔实,对宋代城乡经济的问题的研究具有重要的价值。傅筑夫先生的《中国封建社会经济史》第 4 卷、第 5 卷(人民出版社1986 年、1989 年)也对宋代农业、手工业、商业进行了深入考察,对唐宋城乡经济关系的研究极富学术价值。牟发松的《唐代草市略论》(《中国经济史研究》1989 年第 4 期)认为,唐代草市内部经济结构决定了草市与乡村的分离和对应。傅宗文的《宋代草市镇研究》(福建人民出版社 1989

年)以及郭正忠的《宋代城镇的经济结构》(《江淮论坛》
1986年第4期)、《两宋城乡货币经济考略》(经济管理出版
社1997年)也对城乡经济关系的部分内容进行了探讨。日
本学者斯波义信《宋代商业史研究》(台北稻香出版社1997
年)和《宋代江南经济史研究》(江苏人民出版社2001年)
对宋代商业发展程度、产品的商品化和商品流程以及商品
结构进行了富有开创性的研究,推动了宋代商品经济史研
究的进一步深入。上述这些研究成果尽管并未专门对城乡
经济关系进行研究,但是这些研究厘清了唐宋城乡经济关
系中的若干重要问题,为这一课题的研究奠定了基础。第
二,一些学者在对唐宋商品经济问题的研究中,开始有针对
性地对城乡经济关系予以关注。王涛的《唐代中后期城乡
关系之状况及其成因》(《山西大学学报(哲社版)》2001年
第4期)对中唐以后城乡关系变化的原因进行了分析和探
讨。另外,李晓的《宋代工商业经济与政府干预研究》(中
国青年出版社2000年)一书中提出了宋代城镇经济的发展
与城乡经济一元化的问题,认为宋代的"城乡一元化"在经
济上表现为城市和乡村都是社会经济体系的有机组成部
分,没有孤立于乡村的城市,也很少有与城市毫无相关的乡
村。陈国灿在宋代城镇史和城市化的研究中,也对两宋时
期城乡关系的发展进行了关注,他认为到宋代,随着城市形
态的变革和市镇的发展,城市化转向"城乡互动型",即城

市的扩张和农村社会内部的变革互为呼应。在城市形态变革的基础上,城市的经济活动,包括市场活动、生产活动、投资活动等,以各种方式向农村地区延伸和渗透。[14]李景寿的《宋代商税问题研究》(云南大学出版社2005年)中提出,宋代由于城市经济功能的不断向外延伸,形成了新型的城乡关系,在这种新型的城乡关系之下,城、乡经济在二者的互动关系中不断的向前发展。谷更有的《唐宋国家与乡村社会》(中国社会科学出版社2006年)对唐宋时期城乡差别的形成,以及唐宋时期从"村坊制"到"城乡交相生养"的历史过程进行了研究。以上学者从各自研究的领域出发,对唐宋城乡经济关系做出了新的探讨,但是对城乡经济关系的研究仍缺乏系统性,有些问题也还需进一步探讨。

总体来说,近一个世纪以来,中外经济史学界在对唐宋时期的农业经济、工商业经济的研究以及专题性的课题,如手工业中的盐业、酒业、茶业,商业、商人及商品货币经济、传统市场等问题的探讨中,对城乡经济关系或偶有提及,或是做过一些零星的片断式的描述分析。近几十年来,传统城市及城市经济成为经济史学界的热点课题之一,一些学者对长安、东京、临安等大城市用力甚多,对城市内部经济状况的研究颇为深刻[15]。应当承认,城市经济研究致力于城市内部经济结构的考察无疑是十分必要的,但是正如郭正忠先生指出的那样,"孤立地研究乡村经济史而忽略它与城镇经济史的联系或者像以往那样——只着眼于乡村生产关系而漠视城乡交换关系及流通、消费等全面的考察,都是不妥当的",[16]倘若要对城市经济有一个完整的认识,则还需要把城市经济放到更加广阔的范围内(诸如城市与乡村的经济联系、城市之间的经济联系等等)来研究。可喜的是,还有部分学者着力于草市镇、镇市、墟市,传统市场以及城郊经济的研究,并形成了一系列成果[17]。但也许是囿于传统理论的禁锢,有学者过分强调中国传统市场的特殊性,认为中国传统社会城乡之间缺乏商品交换,乡村对城市只是单向流通[18]。特别需要指出的是,从城乡经济关系的视角入手,把城乡经济关系作为一个完整的课题来思考唐宋时期社会经济发展的脉络,并进而推进城市经济研究在新的起点上有新突破的论著目前还付之阙如。因此,以城乡经济关系立论,全面系统地对唐宋时期城乡经济关系的诸多问题进行考察,不仅必要,而且可能和可行。

毋庸置疑,先贤今人们缤纷多彩的论著,不仅具有学理层面的存在价值,而且对于后人的研究还有其开山和导引的现实意义。不容否认,任何研究成果和结论都是有限的,因为历史的发展和演进以及人们的认知水平总是在不断超越已知。但是,历史所积累的认识价值却是永恒的。因此,回观学术史,厘清本课题研究的基础和存在的问题显然十分必要而且意义重大。

三、研究的主旨和体例

本书截取其中国古代经济史之唐宋时期,合两代进行研究的原因,主要是出于以下三点考虑:

第一,就本书的时间而言,唐主要指唐代中后期尤其是后期,宋包括北宋和南宋。之所以把研究的时限定在这一时期,是因为中国传统经济在唐宋时期发生了许多深刻的变化,诸如个体农民土地所有制广泛确立,人身依附关系松弛,农作物结构发生重大变化,专业化生产蓬勃发展;手工业经营规模扩大,分工日趋细密,生产技术明显进步,独立的"机户"广泛出现;坊市制被突破,草市镇勃兴,货币流通量大幅度增长,商人社会地位明显提高,赋税结构中非农业税比重越来越大,政府采取奖掖商业的政策等等。这些变化几乎都是肇始于唐而形成于宋,表现出一种承前启后的转折性特征。无论是外国学者抑或国内专家都从不同角度肯定这是中国历史上重要的时期,认为唐宋时期科学文化的发达,商品经济的繁荣,典章制度的完备等,构成了中华文明发展史上的里程碑。

第二,从本书的空间范围来看,由于中国地域差异显著,"遍地开花"式的展开不仅有笼而统之之嫌,不利于研究的深入,而且亦非个人短时间内能力所及。为此,本书着重集中于西北、华北、四川、东南四个主要的经济区域详加论述。特别需要指出的是,就城乡经济关系的研究视角而言,在唐代以前,由于市场发展的局限,自成一体的区域市场网络还没有完全形成,唐中叶以迄宋代,有机整体的区域市场已能述之笔端。不仅如此,放弃边缘市场,着力于当时发展水平最高的经济区域,似乎更能反映出当时城乡交流的主要态势和脉络[19]。

第三,本书研究合唐宋两代进行研究,还由于唐,特别是唐代前期商品经济处于恢复发展时期,相关资料仍嫌贫乏,而宋代无疑显得丰满成熟些。今合唐宋两代共述,易收化难互补、开拓领域的效果,并且还有利于相互启发、引证和比较。

本书共设六章,即:第一章:绪论;第二章:唐宋时期社会经济的发展与城乡联系的加强;第三章:唐宋时期的城乡社会再生产及其相互联系;第四章:唐宋时期城乡生产要素及其变动;第五章:唐宋城乡产业结构及其发展变化;第六章:唐宋城乡经济关系的表现形态及其影响因素;最后为结论部分。

章次的要略:第一章铺叙本书选题的缘起、意义,研究的基础、方法体例及有关概念说明;第二章介绍先秦至唐代以前城乡经济关系的概貌,唐宋时期社会经济的恢复与发展,以及该时期城乡关系联系的加强。第三章至第五章从三个不同层面,即社会再生产、生产要素变动以及产业结构变化入手,较为系统地论述唐宋时期的城乡经济关系变化。第六章则是就社会经济因素、国家经济政策、政治体制等对城乡经济关系的影响等内容展开讨论。最后得出本书研究结论。全书力图勾画出唐宋时期经济发展过程中城乡经济关系的变化,把握城乡经济运行和区域经济社会发展过程的内在关系。

需要说明的是,本书研究的内容是具有逻辑联系并依次展开的。城乡社会再生产过程,生产要素的流动,产业结构及其发展变化,三者及其构成的方方面面组成了城乡经济关系的基本内容。这三者实际上是相互联系,互相影响的,把它们独立开来加以分析,只是为了加深理论分析的深度,使问题更具体、明晰。对社会经济条件,国家经济政策、政治制度等因素的考察,则是为了使前文的分析更具说服力,进而使整个分析构成一个相对完整的系统。

四、研究的方法和概念

本书研究唐宋时期的城乡经济关系,目的在于去感知和捕捉唐宋历史演变过程中城乡经济运行与区域乃至整个国家社会经济发展的关系,而不是去罗列和汇编一长串史料,或仅仅满足于静止地去累积一些庞杂的知识。为此,必须开启现代思维认识的睿智,会通历史学、经济学、社会学、文化人类学、民俗学、人口学、考古学等多学科,透过唐宋社会千家万态的经穿纬插网络,归纳其嬗变轨迹,探寻其演化规律,构建这一课题的学术价值和现实借鉴功能。

毋庸讳言,长期以来,经济史的研究工作一直停留在现象描述阶段,局限于史料的收集、整理和考订,经济史的作品不论是采取编年法还是主题叙述法,都往往是材料的堆砌和罗列。经济史就像历史学的其他分支学科一样,它们彼此之间的区别只不过是研究领域不同而已而没有表现出研究方法上的差异。这显然是不正常的和不够先进的。[20]

近几十年,特别是 20 世纪 80 年代以来,在自然科学的新成果的冲击下,人文科学正在不断改变着自己的研究构架与思维模式。不容置疑,经济史也应跟上学术变迁的潮流,"自觉超越现象描述阶段,努力进入生成解释和结构再现的更高境界"。[21]为此,我不自量力,企图在前人研究的起点上,依照经济学体系的要求来建立本书的总体结构。

在正文展开之前,这里有必要先就本书中频繁出现的两个中心词汇——城镇和乡村予以界定。

日常生活中,提到"城镇"或是"乡村",似乎是一个不言自明的问题,区别城镇和乡村似乎是一件轻而易举的事情。而实际上,目前世界上还没有为定义城镇找到一个令人信服的统一的标准,更遑论找到一个可适用于不同时代的解释,因为城镇的定义与城镇的起源问题密切相关,而城镇的起源问题迄今在学术界仍然是一个还未完全解决的课题[22]。

　　正因为如此，不同的学科从自身的性质、对象、概念、范畴及其与其他学科的关系出发，纷纷提出自己的"城镇"定义。地理学认为："城市是一种特殊的地理环境。"[23]人口学认为："城市是由工业、交通、居住、文化教育以及其他部分组成的一个专门系统，这个系统从数量与质量参数上对其居民提出一定的要求。"[24]社会学认为，城市是占据某一特定地区的人口群体并拥有完整的技术设施和机构、行政管理体系以及有别于其他集团结构的社会组织形式。[25]经济学则认为，城市是"各种经济活动因素在地理上的大规模集中"的结果。[26]此外，建筑学、生态学、历史学、规划学、政治学等学科中也都有自己的"城镇"定义。以上各门学科对"城市（城镇）"的理解，不是相互矛盾的关系而是相互补充的关系，它们从不同的侧面和角度对城市（城镇）及其相关问题做出了不同的解释和研究。

　　在中国古代，"城"起初之时是为了聚居以便防御野兽，后来演变为防御敌人而发展起来的大规模、防御性设施。考古发掘最早的古城遗址，当首推史前龙山文化聚落[27]；夏代有山东章丘县城子崖、河南登封县王城岗、淮阳县平粮台等。与城类似的居民点的构筑物叫郭（廓），故夏代有"筑城以卫君，造郭以守民"，"内为之城，城外为之郭"之说。这一时期的城还具备宗庙、宫室、商业市场、手工业市场等一般城市所应该具备的物质要素,更多限于防御功能,属于原始的城堡。张鸿雁先生认为,作为一个发展过程来看,从原始社会后期至夏是"城堡阶段",商到西周是"都邑阶段",春秋时期才有完全意义上的城市兴起。[28]

"市"是商品交易的场所。城市产生以前,市没有固定的场所。传说时代的颛顼时候有"祝融为市"[29]。《初学记》引《风俗通》有"因井为市"之语。《管子·小匡》说:"处商毕就市井。"《史记·平准书》"正义"云:"古人未有市,若朝聚井汲水,便将货物与井边货卖,故言市井也。"生产力的发展使交换日渐频繁,于是固定时间、地点的交易区域——市逐渐被吸引到人口比较集中的城中。《周易·系辞下》说:"列廛于国,日中为市,致天下之民,聚天下之货,交易而退,汤其所。"于是,"城"与"市"相互结合,形成了"城市"。汉魏之际,市处于城外郭内;唐代,市占一坊之地;唐中后期,市坊制开始解体,宋代,市已由坊内扩展为一条甚至几条街。草市在中唐后大量兴起,成为广大农村集镇的前身。

"镇"与"市"原本有严格的区分。乾隆《吴江县志》卷4云:"有商贾贸易者谓之市,设官防者谓之镇。"镇起初主要是以军事职能为主,中唐以后,镇的军事色彩渐趋淡薄,经济功能日益突出,成为界乎于县治与草市之间的一级商业中心。

　　显而易见,由于"城市"与"城"和"市"具有发生学上的密切关系,城、市往往被当作"乡"的反义词而成为城市的简称。加之"镇"、"草市"等概念的介入,城市、城镇、市镇难免出现混用的局面,而且这种趋势在多数情况下已经难以扭转。需要指出的是,研究中国古代经济史,由于文献资料的不完整、统计数据的不严密,把城镇作广义上的把握理解,将之视为城镇居民点的总称似乎也是可以理解的。

　　综上所论,所谓城镇,"是指具有一定规模的,以非农业人口为主的居民点。它包括市镇(town)和城市(city)两类单位"。[30]在中国古代,城市里仍保留有零星分布的农民居住区,城墙外还有城市居民从事的农业、工商业生产,它们共同构成一个经济单位,这些城墙以外的经济活动依然属于城市经济的范畴。至于市镇,在唐宋时期概指草市镇,包括墟市、市集和市镇。

　　所谓乡村,是相对与城镇而言的,居民主要从事农业活动。一般说来,每一个城镇周围都有一片与之保持固定联系的,有人口往来的特定区域,这就是"乡村",包括村庄(village)和比村庄还小的居民点"小村"(hamlet),乡村与村庄二位一体,没有明确的界线和区别。村庄和小村(自然村)一般是乡村型的居民点,居民主要从事农业活动。

　　一般说来,乡村不同于城镇的本质特征,大体有以下几点:其一,乡村是以农业人口为主的居民点,在职业构成上不同于城镇;其二,乡村较之于城镇,人口相对要少,密度也小得多;其三,城镇具有广场、街道等公共设施,在物质构成上比乡村丰富得多;其四,城镇一般是工业、商业、交通、文教集中地,在职能上不同于乡村。要指出的是,这些本质特征的概括是不尽完善,也极不全面的。因为要真正在城镇和乡村之间划出一条严格的界线,确实不是一件简单易行的事情。

　　考虑到获取相关资料的困难性,本书在分析论述中权且把城镇的辖区界线视为城乡之间的分界线,把城镇城墙辖区界线内及其城郊的人口作为城镇人口,以外的人口看作乡村人口。笔者深知,这种区分带有很大的随意性和主观性,因为从城镇到乡村从来就是渐变的,甚至是交错的;尤其是城市本身是历史的产物,它随着历史条件的不同而不断发生变化。也就是说,城镇聚落的实体范围和城镇的行政界线相一致的情况几乎是不可能的,有的城镇的行政管辖范围比城市聚落发展的市集范围要大,包括了相当的乡村地域;有的城市的实体发展已远远超出了城市的行政管辖范围。为此,行文中笔者尽量注意对资料的辨析,比较研究中努力采用合适的空间尺度并保持概念上的可比性,即在城镇地域概念上依次使用市中心、建城区、城郊区等概念行文,以满足不同研究目的的需要,尽可能构建相对可比的基础。

歌德说过,凡是值得思考的事情,没有不是被人思考过的;我们必须做的只是试图重新加以思考而已。本书的思考,仅仅只是在借鉴和参考前辈们既有的大量资料的基础上,借用经济学的体系来建构的一种尝试。如果本书多少可以见出笔者对唐宋城乡经济关系的另一层"我的"体味,能够多一点"研究"的成分,那么,笔者的目的也就达到了。

注　释

1 5 《马克思恩格斯选集》第 3 卷,人民出版社 1972 年,第 60、330 页。

2 《马克思恩格斯选集》第 2 卷,人民出版社 1972 年,第 82 页。

3 8 《马克思恩格斯选集》第 1 卷,人民出版社 1972 年,第 362、123 页。

4 《资本论》第 3 卷,人民出版社 1975 年,第 891—892 页。

6 参见张荫麟:《中国史纲》自序,辽宁教育出版社 1998 年。

7 《毛泽东选集》第 5 卷,人民出版社 1991 年,第 336 页。

9 赵冈:《论中国历史上的市镇》,《中国社会经济史研究》1992 年第 2 期。

10 李埏:《经济史研究中的商品经济问题》,载武建国主编《中国经济史研究》,云南大学出版社 1990 年,第 250 页。

11 陈寅恪:《论韩愈》,《金明馆丛稿初编》,生活·读书·新知三联书店 2001 年。

12 参见林文勋:《商品经济:唐宋社会变革的根本力量》,《文史哲》2005 年第 1 期。

13 Mark Elvin(伊懋可):*The Patternofthe Chinese Past*,Stanford University Press1973.

14 陈国灿:《宋代江南城市研究》中华书局 2002 年,《江南农村城市化历史研究》,中国社会科学出版社 2004 年,《古代江南城镇发展与社会演变研究》,西泠印社 2005 年,《南宋城镇史》,人民出版社 2009 年。

15 代表性成果如马润潮:《宋代的商业城市》,(台湾)中国文化大学出版部 1985 年。林正秋:《南宋都城临安》,西泠印社 1986 年。周宝珠:《宋代东京研究》,河南大学出版社1992年。梁庚尧:《南宋城市的发展》、《南宋的市镇》、《宋代社会经济史论集》,(台湾)允晨文化1997年。陈国灿:《宋代江南城市研究》,中华书局2002年。徐吉军:《南宋都城临安》(南宋史研究丛书之一),杭州出版社2008年。

16 郭正忠:《中国古代城市经济史研究的几个问题》,《光明日报》1985年8月24日第3版。

17 代表性成果如傅宗文:《宋代草市镇研究》,福建人民出版社1989年。郭正忠:《两宋城乡商品货币经济考略》,经济管理出版社1997年。李孝聪主编:《地域结构与运作空间》,上海辞书出版社2003年。龙登高:《中国传统市场发展史》,人民出版社1997年。《江南市场史:11—19世纪的变迁》,清华大学出版社2003年。程郁:《宋代城郊发展的原因与特点》,《上海师大学报》1992年第1期。

18 许涤新、吴承明主编:《中国资本主义发展史》第一卷,人民出版社1985年,第13页。

19 参见龙登高:《中国传统市场发展史》,第278页。

20 参见道格拉斯·C·诺思著,陈郁等译:《经济史中的结构与变迁》,上海人民出版社1994年。

21 参见葛金芳:《宋辽夏经济分析》,武汉出版社1991年。

22 23 周一星:《城市地理学》,商务印书馆1997年,第30、6页。

24 基谢廖末:《大城市的生产率》,转引自陈以筹主编:《城市与城市社会学》,光明日报出版社1986年,第29页。

25 陆学艺:《社会学》,知识出版社1996年,第156页。

26 K.J.巴顿:《城市经济学:理论和政策》中译本,商务印书馆1984年,第14页。

27 张驭寰:《中国城池史》,百花文艺出版社2003年。

28 张鸿雁:《论中国古代城市的形成》,《辽宁大学学报》1985年第1期。

29 王符:《潜夫论·王德志》、《世本·作篇》。

30 杨万钟主编:《经济地理学导论》,华东师大出版社1982年,第143页。

第二章 唐宋社会经济的发展
与城乡联系的加强

第一节 唐宋以前的城乡关系

城市与乡村作为人类文明史的重要载体,是人类社会进步与文明发展的结晶。通观整个人类文明史,大体而言,聚落形态下的城市与乡村经历了随着社会经济发展而发生分离与对立,又在社会经济发展的基础上相互依存联系密切,并将最终走向城乡一体共同协调发展的历史过程。这一历史进程并不是一帆风顺一目了然,其间城市与乡村的分离与对立,矛盾与冲突,合作与依赖,协调与发展,始终与不同时期的社会经济发展状况紧密交织在一起,我们只有深入历史内部,认真思索,小心求证,才可以解开历史时期中的城市与乡村的复杂关系,得出有益答案。

一、城市的起源与早期城乡关系

早在原始社会后期,随着社会生产发展,剩余产品出现和财富与权力的集中,为了保护一部分富有者的财富,也为了保护氏族和部落的安全,人们开始在聚居地的核心区域建筑"城":《淮南子》、《轩辕本纪》、《黄帝内经》、《世本》、《汉书》中都分别记载了黄帝、神农、鲧、禹在此时筑城的情况,《通志·都邑略》、《册府元龟》和《太平御览》则对古代文献中有关这方面的内容进行整理,比较系统地记载了三皇五帝都城的地点,王国维也认可了此时所筑的都城。[1] 以这些所筑的"城"为中心,在其周围地区分散聚居着该氏族和部族甚至是部落联盟的多数人口,形成一个人口居住稠密区域,人们的社会经济活动就在该"城"(聚落区域)周边进行。这样,这些"用石墙、城楼、雉堞围绕着石造或砖造房屋的城市,已经成为了部落联盟的中心"。"只要它用壕沟和墙壁防守起来,村制度也就变成了城市制度"。[2] 也正是从筑城开始,有别于原先聚落主体"乡村"的"城"出现了,早期城市开始起源。

虽然说原始社会时期人们一直认为是一个传说时代,但结合后来考古发现来看,"鲧作都城"[3]、"夏鲧作城"[4]、"鲧筑城以卫君,造郭以守民,此城郭之始也"[5],基本还是可信的。20世纪中期以来,随着考古发掘范围的扩大,根据其所提供的资料分析,山东章丘城子崖古城、河南登封王城岗古城、淮阳平粮台古城、安阳后岗古城、偃师二里头村古城遗址等,基本上都是属于原始社会后期奴隶社会早期的都城,它们基本上都有城墙、城门遗址,城内有道路、排水设施、陶窑、墓葬等,在稍晚期的二里头村古城遗址中,有宫殿遗址、手工作坊遗址,同时有大量的青铜兵器、礼器、明器出土。这证明了在原始社会后期奴隶社会早期,随着社会生产力的发展和剩余物品的增多,出于保护财富和安全的军事防御性和政治性的"筑城"是真实可靠的。

商代,以河南郑州商城、安阳殷墟为代表的商代都城的考古发掘显示,商代的都城规模已明显大于早期的"城堡",城内有成片的住宅区、手工作坊区、墓葬区等,这说明此时作为人类聚集地的"城"所容纳的人口更多,手工业有了较大发展。从《尚书》等有关文献和出土的大量玉、贝等具有货币价值的物品来看,殷墟可能已经存在固定集市,表明商代都城较之以往有了进步。

从夏商早期都城的建筑、布局、规模等可以看出,此时的都城已经具有一般城市形成的基本概念,即具有了行政、防御、商业、手工作坊和集中居住区等五大基本物质要素,和最初纯粹的聚落形态——村落(或者乡村)比较而言,已经不完全一样了。从聚落(城市)的中心建筑来看,完成了从最初简单的以供奉祖先的宗庙为主到以君主居住的宫殿为主的转变；完成了部族聚落中城墙与城池由分设到合二为一的转变；商业交易地完成了向城市的集中转变；手工业作坊布局完成了从城郊到城缘的转变；基本确定了城市作为居住区的"内城外郭"地域结构。[6] 也就是说，在原始社会后期奴隶社会早期，在筑城的过程中，一个核心居住区从整个居住聚落区中脱颖而出，并且开始发挥行政中心或者是集市中心作用的时候，我们所说的城市也就从农村中分离出来了，它开始有别于乡村，由此带来城与乡的分离与差别。

早期城市出现后，城乡关系还不成其为问题。这个时期的城，它的主要功能是作为政治中心和军事中心；城市居住人口不会很多，这从城市的规模、居住区和墓葬的规模可以看出。更多的居民是居住在城周边的乡村聚落中，只有遇到战事或者需要进行交换时才会迁往城中。因此，这个时期的城乡主要还是一种朴实的互相依存关系，乡村通过"贡"、"助"、"彻"等形式向城市君主缴纳或提供统治所需的物资和劳力，城市则为周边部落居民提供安全保障，二者形成一种相互依存，二位一体的关系。

二、周到春秋战国、秦汉时期的城乡关系

周武王灭商后，开始实行"封邦建国"制，受"筑城以卫君，造郭以居民"[7] 的影响，各主要封国如鲁、齐、卫、晋、燕、

宋等,为抵御外敌入侵和保护封地内的生命财产安全,均把建城作为立国的根本方略;同时,周王室也积极进行都城建设,先后建有岐邑、丰京、镐京、洛邑等,这些举措共同推动了周代城市的发展。此时,周代城市发展呈现出:城市数量增加、分布范围广泛;形成了严格的城邑等级制度;城市建设具有较强的规划性;建筑技术和建筑材料有所发展等特点[8]。周代城市建设中所体现出来的等级性、规划性特点,表明此时期的城市功能主要是政治中心和军事据点,事实上是早期夏商都城建设的延续与扩展。同样,如同早期城市建设中留出特定的手工业作坊和商品交易场所一样,周代的城市中也有专门的手工业区和商业交易区;在周政府"工商食官"管理模式下,随着社会经济的发展进步,城市中的工商业也有了较大发展,手工业品特别是青铜铸器发展到了一个顶峰。当然,这种"工商食官"制度将手工业发展限定在政府直管之下,民间手工业和商业发展水平不高,此时的城市还是典型的以政治性为主导的城市。对于政治性城市之外的聚落乡村,周代实行了不同于城市管理的"乡鄙(野)制",与城内(国)的管理相对应。这种规定国(城市)与鄙野(乡村)的不同管理体制,基本上类似于一种人口户籍管理制,事实上是第一次将城市形成发展以来出现的城乡分离作了相对较为明确的确认。

到了春秋战国时期,随着铁制生产工具的使用和牛耕的推广,社会生产力获得急剧发展,以社会经济发展为依托的城市开始迅速发展起来。在这个时期,由于"工商食官"局面的被打破,民间工商业得到了较大发展,出现了一些综合性城市和工商业城市,城市数量空前增多,城市规模扩大。据《春秋左传》记载的筑城活动达 68 次,除 5 次重修外,共筑城 63 座。据今人统计,春秋战国时各种城邑数目已接近千余。[9] 到战国时期,城市数量进一步增加,人口也在急剧增长,"古者四海之内,分为万国,城虽大,无过三百丈者,人虽众,无过千家者"。"今千丈之城,万家之邑相望也"。[10]城市规模已经远远超过了夏商西周时期。在这些城市中,有一批著名的工商业城市比较引人注目,比如陶、临淄、邯郸、下邳、濮阳、郑、彭城、寿春、蓟、陈、宛、洛阳、姑苏、成都等,都成为"富冠海内"的天下名都。它们的工商业较为发达,已经成为全国性或地区性的经济中心。

　　秦汉是我国历史上的第一次大统一时期。在这个时期,随着郡县制的推广,城市数量在原有基数上不断增多,据统计,西汉时以行政中心为主的城市达到 1600 多个,到东汉时,虽然有所减少,但仍基本保持在 1000 多个以上规模。西汉经过休养生息以后,中国人口随即获得急速增长,到西汉平帝元始二年(2 年)人口规模达到 6000 万,城市人口也随之比前代有了大幅增长。《汉书》记载:"平帝原始二年(2 年),(长安)有户口八万八百,人口二十四万六千二百。"如果加上皇室、贵族、奴仆、军队,长安城的人口超过四五十万。东汉王符说"洛阳,浮末者什于农夫,虚伪游手者什于浮末",表明洛阳城市人口的大幅增长,并且认为,"天下百郡千县,市邑万数,类皆如此",[11]此语虽有夸大成分,却也说明这个时期以都城为代表的城市人口规模绝对数字绝不会小。同时,以首都为中心,这个时期在全国范围内形成了国都—郡所—县所三级城市体系,城市建筑规模和人口规模基本与其政治地位高低相匹配。空前统一的中央集权国家的建立,带来了货币、度量衡、车轨和文字的统一,进一步促进了全国经济、商品贸易的发展。《史记·货殖列传》记载:"汉兴,海内为一,开关梁,弛山泽之禁。是以富商大贾周流天下,交易之物莫不得通其所欲。"这些富商大贾或经营盐铁,或从事贸易,"若至力农畜、工虞、商贾,……大者倾郡,中者倾县,下者倾乡里者不可胜数"。[12]整个社会商品经济获得迅猛发展,一大批具有行政、商业职能为主的城市也随之兴起。比如临淄、洛阳、邯郸、宛、成都成为与长安并称的六大都会。

在周到春秋战国、秦汉时期,城市的发展既与国家对地方管理体制的强化推广有关,又伴随着社会商品经济的发展而兴盛。当然,这个时期城市的发展水平是不平衡的,一些大的诸侯国(秦汉时期则是长安、洛阳以及部分重要郡所)的都城发展较快,但更多的城市发展水平不高,规模不大。特别要注意的是,工商业城市在此阶段获得较大发展,但这些城市并不是单纯的经济都会,不是因经济的发展和人口的聚集而自然形成,更多是从政治中心、军事据点演变而来,在社会经济发展的基础上成为政治中心、军事据点和经济中心的综合性城市,工商业的发展仍受到政治权力的支配和控制。在这个时期,国家在乡村一般实行的是乡里管理制度,其主要目的在于从乡村中获取统治物资供给,包括粮食、人口赋税以及军事后备力量等。城市作为统治中心,向周边乡村辐射进行统治,二者体现出乡村对城市的政治依从与城市对乡村的经济依赖。需要指出的是,在这个时期,农业人口与工商业人口并不是绝对的乡村与城市人口的差别,城市中也有大量农业人口。

总体而言,这个时期社会经济获得了迅速而又持续的发展,城市与乡村仍然联系紧密,但已经显示出进一步分化的趋势。

三、魏晋南北朝至隋时期的城乡关系

魏晋南北朝是我国古代社会中的一个大动乱时代,南北分裂、战争频发、民族冲突与融合、社会经济发展滞缓是其主要特点。受战火、自然生态破坏的影响,以都城为代表的城市一改秦汉蓬勃发展的趋势转而为衰败,如长安、洛阳自东汉末年以来持续遭受战火侵袭焚毁,直到北魏前几乎

就是北方动乱中各方势力角逐的主战场。董卓撤离"尽徙洛阳人数百万口于长安",并进行焚烧,此后又多次遭战火焚毁,到三国时曹植感慨"洛阳何寂寞,宫室尽焚烧"。长安更悲惨,长安城西晋末年一度呈现出"户不盈百,墙宇颓毁,蒿棘成林"[13]的状态。都城尚且如此,地方城市遭受兵火焚毁也多是大同小异。北方不少地区"名城空而不居,百里绝而无民者,不可胜数",[14]"白骨露于野,千里无鸡鸣"[15]。大量的人口在战乱中死亡成为一种普遍现象。三国时期,总人口合计仅为1129.9万,只是东汉灵帝年间人口总数6000万的18.9%,减少了4870万人。[16]在此后历史发展过程中,直到唐中期以后才又重新达到东汉人口数水平。

　　西汉初年,在农业经济发展前提下,社会商品经济得到快速发展,并且由于商业利润丰厚,刺激了大量农业人口转向工商业,又进一步推动了商品经济的发展,这是汉代城市快速发展不可忽视的一个重要原因。进入魏晋南北朝以后,由于战火的影响,城市人口锐减,城市衰败,整个社会经济集体凋敝,大量聚居在乡村的人口及其社会生活重新突显出来,并以其自有的以自给自足的小农经济为主体的自然经济成为社会经济中的主导性力量,工商业经济陷入发展低谷。这样,自秦汉以来城市与乡村进一步分化的趋势发生逆转,重新回到了城乡不分的自然经济状态之下。这既体现在这个时期商品交易由秦汉时的货币交换重新又回到以货币和布帛、粮食等并用的交易阶段，又体现在这个时期大量的坞、堡、壁、垒大量涌现并广泛发展起来。

秦汉时期随着商品经济的发展，货币交易随处可见，人们计算财富也以货币作为衡量工具，可以说商品货币交易的影响范围非常广泛，这是推动城市消费与城市发展的重要原因。魏晋时期由于战乱的波及，社会商品货币交易极度萎缩，人们在交换中经常使用布帛或者粮食为中介，虽然也有货币交易的记载，但相比较秦汉时期货币交换的程度与规模来说，是远远逊色的。这种状况一直延续到唐初，以至于这段时期被学者称之为是"钱帛兼行"的时代。

同时，这个时期由于战乱的影响，在乡村中出现了大量的坞、堡、壁、垒。这些坞堡壁垒一般都是以一家豪人为中心加上他率有的人口组成，不能在战乱中自保的人都依附到这些坞堡壁垒中寻求保护。比如《晋书·郭默传》记载："永嘉之乱，默率遗众，自为坞主，……流民依附者甚众。"这些坞堡壁垒，一方面是军事组织，一方面也是生产组织。他们在豪人带领下，一方面自卫战斗，一方面从事农业生产，他们的生产是为了自给而不是出卖。[17]这些坞堡壁垒出现后，每一个坞堡壁垒都仿佛一个独立的小王国，他们的生产生活完全在坞堡和周边区域，实行自给自足的生产方式。这些坞堡壁垒的兴起和城市的衰败相对应，显示出这个时期的社会经济是以乡村为中心,秦汉以来城与乡的逐步分离趋势仿佛中断了,城乡关系似乎已经淡化,城乡二者基本还原为一体了。

北魏建立后,直至隋统一全国,北方社会经济有所恢复和发展,南方由于战乱较少,随着移民的增多,社会经济也得到恢复发展。这样,城市在南北朝后期直至隋代又开始逐步恢复与兴起,乡村则在战乱中随着移民浪潮和坞堡壁垒自给性经济的发展也获得较大发展,秦汉以来城乡分化趋势在社会经济获得发展的前提下又开始往前迈进。进入隋唐,特别是中唐入宋以后,城乡关系发生了翻天覆地的大变化。

第二节　唐宋时期社会经济的发展

唐宋是我国古代社会经济持续发展与社会大变革的时期。在这个时期,农业、手工业、商业都获得了极大发展,商品货币经济空前发达,城乡经济关系随之发生深刻变化,被称为是中国古代商品经济发展的第二个高峰时期。在社会经济获得快速发展的同时,社会结构和阶级关系也发生深刻变化,以至于有学者将之称为"唐宋社会变革"。

一、中唐以前社会经济的恢复与发展

(一) 农业经济的恢复与发展

唐代是在隋末农民战争中建立起来的王朝。隋代的短命而亡,让唐代统治者深以为鉴,从而采取了一系列政策用以恢复和发展经济。在农业方面,提倡兴修水利、改进农业生产工具,推广农业生产技术,同时注重舒缓民力,整个社会安定兴旺,政治较为清明,经过百余年的发展,唐代的农业社会经济逐步恢复并发展起来,到开元天宝年间,农业经济达到极盛。这突出的表现在人口的增长与粮食产量的提高等方面。

唐初贞观十三年(639),天下人口为12351681[18]。随后便逐步回升,神龙元年(705),天下人口为37140000[19];开元十四年(726)为41419682[20];到天宝十一载(752)为59975543[20]。从这些数据可以看出,唐初人口数额是比较少的,在百余年的发展过程中,人口增长额度达到近500%。虽然这些人口统计数值不少学者表示怀疑,但不论怎么说,作为一种参照坐标,它显示出:从唐初到盛唐阶段,中国的人口数值呈快速增长趋势,这一点就算是最苛刻的学者也是不能否定的。从人口分布区域来看,据《旧唐书》、《新唐书》的《地理志》所记载各州郡人口分布,人口在京畿附近、河南、河北、江南诸道,比较稠密,而在边陲偏僻地区,人口稀疏;唐前期人口主要集中在北方地方,南方地区人口则相对稀少。

从初唐到盛唐,由于生产技术的改进,粮食亩产量相比前代也得到了很大提高。据吴慧的研究显示,汉代的粮食亩产量约为 963 市斤,到唐代时粮食亩产量提高到 1256 市斤。[22]赵冈、陈钟毅则认为汉代粮食亩产量大约只为 574 市斤,唐代则为 716 市斤。[23]二者研究具体数额不一样,但是都承认一点:那就是唐代农业的劳动生产率有了较大提高,粮食亩产量有明显增长。唐代粮食产量的增长也可以从唐代的仓储制度中可窥一斑。"天宝初年,各道的正仓所储,超过一百万石的仅有关内、河北、河东、河南四道,皆在黄河流域。其中尤以河南道为最多,达五百八十余万石,河东道次之,也有三百五十余万石。关内、河北两道皆近两百万石;义仓所储,超过千石的仅河北、河南两道。这时虽已在裴耀卿大举运输江南粟米于关中之后,但这样的数目已经可以看出当时黄河流域,特别是黄河下游的河南、河北富庶的情况,而这样的富庶正是农业发展的结果"。[24]天宝年间,唐政府官仓所存储粮食已达到 9600 万石。也正是因为粮食产量的提高,杜甫在其诗句中有"公私仓廪俱丰实"之句,表明唐开元天宝之际,农业经济的发展已达到相当高的程度。

在农业社会中,粮食产量的增长和人口的增加是农业社会经济获得发展的最主要表现。因为必须要有足够的粮食生产才可能养活更多的人口,人口的增长必然反映出农业社会经济的发展程度。这表明,这个时期的农业经济已经完全从魏晋以来直到隋末的战乱中恢复发展起来,达到了一个新的高度。

（二）手工业的兴盛与发展

唐代的手工业分为官府手工业和民间手工业。唐代农业社会经济的恢复与发展对手工业的发展产生了刺激作用,手工业不论从广度还是深度都得到很大的发展和提高,远远超过了之前的手工业水平,这不仅体现在官府手工业的发展中,民间手工业也在这个时期获得了发展空间,成为这个时期的一个重要经济现象。

从官府手工业来看,唐代中央的工部掌"百工、屯田、山泽之政令",少府监掌"百工技巧之政令",将作监"掌土木工匠之政令"[25],军器监掌管甲兵弓弩等武器制造供应,这是中央管理手工业的组织机构;地方州县也有官府手工业管理机构和"作院",从事采矿、冶金、铸造金属器皿、铸钱、军器制造、纺织等,一起构成了唐代官府手工业组织管理与生产体系。这个官手工业体系从宗庙祭礼到宫廷日用诸物,从巨大土木工程到精细织锦刺绣之工,无所不包。不仅如此,还"天上采样人间织",宫廷发手工样本,地方奉旨备办,将民间手工业及能工巧匠的劳动,网罗于官府手工业系统之中。

在这个官府手工业系统中,一些重要的手工业比如丝织业、矿冶业、瓷器业、造船业、制盐业、造纸业、制茶业等诸多行业,都获得了重要发展。这既反映在手工业行业众多,分布广泛,也反映在手工业分工越来越细密,技术越来越精湛。比如说丝织业中的织染,由少府监下的织染署管辖,"凡织纴之作有十"、"组绶之作有五"、"细线之作有四"、"练染之作有六"[26],织染内部技术分工很细,所有的织纴、组绶等,都是各自独立的专业化生产,在其内部又有更加细致的分工,这些专业化的分工促进了织染技术的进步,从而为皇帝、太子、百官提供出精美绝伦的冠冕等物。又比如说唐代的金、银、铜器器皿制作之精良,远胜前代。瓷器的发展更是达到了新的历史阶段。等等。

从民间手工业来看,唐代的民间手工业较前代有了较大发展。从其从业人员来看,其组成主要有二:一是农村家庭手工业;二是城市手工业。农村家庭手工业,多数是农夫织妇自给性的劳动产品,以自给和供应国家赋税征收为主,少数用于出售。城市手工业则由作坊产出。作坊中有师傅、帮工和徒弟,通过从事具体手工劳动产出产品,以交易为其主要目的,已经处于"商人资本与手工业相结合的前夜"[27]。在唐代两京市区内有肉行、衣行、织锦行、药行、金银行等记载,表明唐代城市中的手工业作坊有了较大发展。《太平广记》记载:"唐定州何明远,大富,主官中三驿,每于驿边起店停商,专以袭胡为业,资财巨万,家有绫机五百张。"则表明唐代已有规模较大的手工业作坊了。

唐代,手工业的兴盛发展在众多行业中都体现出来,如丝织品的华丽,金银器皿的精美,瓷器的美轮美奂,还包括造船业、造纸业、印刷业的发达,等等,其工艺水平都远远超过了之前时代。特别值得注意的是,这个时期民间手工业已经出现以交换为目的的生产作坊,尽管它的生产活动不能与官府手工业不计生产成本、追求制作精良的奢侈品生产相比,但是这种为满足大众日常所需而生产的作坊手工业品,无疑是这个时代手工业发展的新亮点,体现出这个时代新的特点。

(三)商品经济的兴盛与发展。

在农业与手工业生产获得快速发展的同时,唐代的商品经济也迅速兴盛起来。唐高宗、武则天统治时期,民间商业开始繁荣。长安年间,崔融奏称:"天下诸津,舟航所聚……千轴万艘,交贸往返,昧旦永日。"[28]足可见当时水路商贸繁忙景象。玄宗年间,人口增长到一个高峰阶段,农业经济和手工业经济都获得大发展,私营商业随之空前繁荣。这首先表现在商品种类更加丰富,日常生活必需品的交易种类和交易量大大增多。如从出土的唐代文书《唐天宝二年交河郡市估案》可以看到,由市司上报市价的商品名目众多,如粮食类的有谷麦、米面等,纺织品类有各种名目的

彩帛、生练、锦绫、绸、葛布、麻布、丝、绵等;果品类有葡萄、
大枣;食品类有酱、醋、酪等;杂货类有铛、釜、刀、斧、锯及
碗、盘、碟等陶瓷器具;皮毛类有羊毛、皮裘等。此外还有大
量的中药材[29]。如此众多的商品种类和商品结构变化意味
着已有更多的普通民众卷入商品经济活动之中。其次则是
官路拓展,商路延伸,沿路店肆繁荣。当时"东至宋汴,西
至岐州,夹路列店肆待客,酒馔丰溢。每店皆有驴赁客乘,
倏忽数十里,谓之驿驴。南诣荆襄,北至太原、范阳,西至蜀
川、凉府,皆有店肆,以供商旅。远适数千里,不持寸刃"[30]
表明商业在全国范围内都已比较繁荣了。再其次,则是这
个时期国际贸易繁荣,沿丝绸之路自西域至长安,以广州为
重要贸易港口的海上贸易,在这个时期都获得了重要发展,
中外贸易的记载不绝史册。

　　总而言之,进入唐代以后,在统治者倡导发展农业经济
的大背景之下,政局较为清明,农业经济获得了重要发展,人
口增长,手工业、商业也随之迅速发展起来,社会经济已经从
南北朝战乱和隋末农民战争破坏中恢复过来,并且得到了长
足发展,成为我国古代社会经济发展的又一个高峰时期。

二、中唐以后至宋代社会经济发展状况

　　大体以安史之乱为界,唐代历史被划分为两段。不论
是从政治方面还是经济方面,以及社会生活等方面,这前后

两段唐代历史存在明显差别,这同时也是中国古代社会的一个重要分水岭。大体而言,唐前期继承了秦汉魏晋南北朝的遗风并有所发展,唐后期五代两宋,则开启了一个新的发展阶段。在社会经济方面,中唐以后由于安史之乱战争影响,以及接踵而来的地方割据斗争,再兼之自然生态环境的恶化,北方社会经济遭到了严重破坏,南方经济则在前期发展基础上有了新突破。虽然入宋以后,北方经济逐步恢复,但经济重心向南转移的趋势却是无法停止了。这主要表现在江南地区农业经济快速发展,农作物的商品化生产越来越普遍;手工业技术持续发展,技艺越来越精湛;商品交易种类繁多,交易方式多样,货币经济得到快速发展;形成了新型的市镇,城市经济水平明显提高。到南宋时期,中国古代的经济重心完成了从北向南的转移。

(一)农业经济的发展

从中唐以后至两宋,人口经历了一个由减少到恢复再到人口剧增的过程。在开元天宝年间人口恢复到西汉水平以后,由于战乱的影响,从肃宗时起,人口便呈不断下降趋势,如乾元三年(760),人口只有16990388[31];元和十五年(820),全国人口只有15760000[32]。这与天宝之际接近六千万人口相比,减幅是巨大的[33]。宋代太祖开宝九年(976)天下户数为3090504户,仁宗庆历八年(1048)为10723695户,徽宗大观四年(1110)户数为20882258[34],如果根据每户平均 5 人来算,徽宗年间中国人口已经过亿了。从人口分布区域来看,安史之乱以后,南方人口比重已经超过北方,人口分布完成了以北方为主向南方集中的转变。

随着人口劳动力的增多,垦田面积也在不断扩大。北宋太祖开宝九年(976)官方所载垦田数为295332060 亩,真宗天禧五年(1021)垦田数为 524758432 亩,神宗元丰六年(1083)为 461455000 亩,[35]最大增幅达到90% 以上。其中南方所占比重较大,这与南方开垦荒地乃至于山谷峻岭、山海湖泊有很大关系,"坨田"、"梯田"在南方丘陵山区已经比比皆是,向江海湖泊争田要田的"圩田"也普遍存在,构成宋代的垦田数字的不断增长,这也反映了当时人们改造自然能力的增强和对土地的充分利用。需要注意的是,这种官方所载数据是为征收田赋而立,实际垦田数额有可能远不仅此[36]。而唐代最盛时天宝年间所载垦田数为62000000 余亩,[37]比较唐宋二者疆域版图的大小便可知,宋代垦田耕地情况和农业发展基础要比唐代更好。

水利兴修也一改唐前期主要集中于关中和河北河南地区,唐后期至两宋,农田水利工程的兴修已主要集中于南方。唐后期全国水利工程兴修共83 次,南方五道71 次,占总数的85.54% ;其中,江南道的水利兴修多达50 次,淮南道9 次,江淮两道占南方总数的 83.10%[38]。宋代时,政府特别重视水利工程兴修,把农田水利的兴建作为地方官考课黜陟的一个方面,从而使地方官大力推进农田水利兴修,取得了良好成效。到南宋时,政府农业重心完全依靠两淮江南,"水田之利,富于中原,故水利大兴"[39]。圩田就是中唐以后直至两宋时期随着兴修农田水利设施而出现的。

在生产工具方面,铁铧犁在江南地区已经普遍使用,精耕细作的农业生产也已经较为普遍。唐前期在北方旱田中出现但尚不普遍的粟麦复种的两年三熟制,以及长江中下游地区出现的稻麦复种制,进入宋代以后已经较为普遍了。此外,新型农业品种如成熟早、抗旱力强的占城稻从传入后已经推广到长江流域。这表明农业生产技术有了进一步提高。反映在粮食亩产量上,则是这个时期粮食亩产量达到新高,据漆侠先生研究,"(宋代)两浙路太湖流域、江东路圩田区是当时稳产高产集中的所在,亩产量从北宋时的米三石发展到南宋时的五、六石或六、七石"。[40]吴慧认为宋代粮食亩产量可达到 1159 市斤[41],赵冈等则认为达到 906 市斤[42]。尽管有学者质疑宋代粮食亩产是否真能达到如此水平,但可以肯定的是,宋代粮食亩产量达到一个新的高度的事实。

此外,中唐以后直至两宋的经济作物种植获得很大发展,南方各地普遍种植桑、麻、茶、甘蔗等经济作物,这些经济作物的种植直接面向市场,促进了传统农业模式的调整与变化。

（二）手工业的发展

宋代的手工业分为官府手工业和民间手工业。

宋代官府手工业机构有少府、将作、军器三监，其下相应设有多种具体组织生产行业机构。在地方上，也分别设有场院、作院、作坊。除此之外，宋代还有官手工业与税务专卖专买机关配合的务、库、局等。

宋代官府手工业作坊，内部分工较前代发展，如东京军器监的军火工场，其作凡 11 目，有火药、青窑、猛火油、金水、大小木、大小炉、皮作、麻作、窑子作等 11 种。湖北蕲春铁钱监，有连续性工序分工，先是沙模作，次为磨钱作，末为排整作。四川绫锦院，设机 154，用挽棕之工 160，用杼之工 54，练染之工 10，纺纬之工 110[43]。

在矿冶原料方面，北宋已大大超过唐代，唐代前期有坑冶 160 处，至宋中期各路盐冶务场所属坑冶有 271 处。金、银、铜、铁、锡、铅、汞等产量都超过唐代，如铜产量唐代最高为宣宗大中时 65.5 万斤，北宋神宗元丰元年达到产铜 146 万余斤。铁产量最高额为宪宗元和时 207 万斤，北宋英宗治平年间产铁达到 824 万余斤。锡即镴，民间器用在北宋时已大量使用，其产量无疑也大增长。至于铁冶、炼铜、炼钢，技术都更为先进，还有了石油的记载[44]。这都是北宋冶炼业较为先进进步的表现。

丝织业方面，政府岁赋项目中，帛之品就有 11 项：罗、绫、绢、纱、绸、杂折、丝、线、绵、布、葛等。其中丝织品种类，有绫、罗、绸、纱、𫄷、锦，而锦一项，又有42类之多。宋在开封、洛阳、江苏润州、四川梓州，设有丝织大工场。在印染方面，能印染色绸，打装花襈、出产京缬；又能乘势雕造花板，印染斑之属[45]。宋东京有官设染院，各地绫锦场务有染工，这是在唐代已有基础上的继承与发展。

瓷器方面，唐代名瓷有"秘色瓷"，三彩瓷，北方邢窑白瓷，南方越窑青瓷。宋代有五大名窑，汴京官窑，汝州汝窑，龙泉哥窑，河南禹州钧窑，河北定州定窑，这五窑瓷质及色泽均超过前代。宋代瓷色五彩俱全，花色多样，工艺精巧，制作精美。此外，景德镇窑，所制之瓷"光致貌美，当时则效著于海内，天下咸称景德镇瓷"[46]。宋以后，景德镇成为中国陶瓷业中心。

造纸业和印刷术，唐代已有发展，主要有杭、婺、越等州所产的细白黄状纸、均州大模纸、宣州案纸等。到宋代则更超唐代。宋因造纸币需要，专设造纸机构，南宋时有"会子库"及"造会子局"。"造会子局，在赤山湖滨（杭州）。先造于徽城，次成都，以蜀纸起解。后因路远而勿给，诏杭州置局于九曲池，遂徙。于今安溪亦有局，仍委都司官属提领。工役经定额，现役者一千二百人"[47]。徽州之池纸，苏州之粉笺，在宋代已经名传全国。印书技术，毕昇发明胶版活字印刷术，推动了宋代文化事业的传播。

　　建筑营造,宋代亦有突出发展。都料匠喻皓所作《木经》成为建筑行业所尊崇的重要书籍。此外,制茶业、造船业,宋代继承了唐代的工艺技术并有所发展,生产规模也呈不断扩大趋势。

　　宋代的民间手工业较前代来说更加发达。如前所述的诸多行业中,很多都有民间手工业渗入其中。比如民间纺织业,"大观初,令两浙、京东、淮南、江东西、成都、梓州、福建等路,市罗、绫、纱……二年,又令京东、淮南、两浙,市绢、帛……并输大观库"。又令四川及江东西市绢帛输元丰库和崇宁库[48]。朝廷每年向各地征收及和买绢帛,神宗熙宁时仅两浙每年上供达到98万匹。瓷器业,在定、汝、官、哥、钧及景德镇等官窑发展的同时,周边的民间制瓷业也随之发展,兴起了与官窑类似的窑系,其所产瓷器,至今仍视为珍品。

　　此外,宋代的造纸、制糖、建筑、漆作、木作、砖瓦作、泥水作、金银首饰作、碾玉作、腰带作、裹贴作、裁缝作、箍桶作、修香浇烛作、冥器作,以及酿酒业、糖食点心业、果子业、鱼行、肉行、花行等等,各种大小货行,不胜其繁。宋代全国23路州县城镇,均设有收取商税的大小机构"税务"或"场务",数目达到2060处[49]。这些"税务"、"场务"的设置是宋代才开始出现,主要目的是征收商税,这也从侧面说明此时期以交易为目的的民间手工业已经较为发达了。

　　正如有的学者所说,在宋代要明确区分官手工业还是私手工业生产是有难度的,这主要是与宋代民间手工业的迅速发展有重要关系。由于民间手工业的发展,以至于在一些行业产品上二者混杂在一起,带来了区分难度。相比于唐,宋代官府手工业所占比重有了一定程度的减少,民间手工业则随之获得了相应发展。在具体各个行业中,官府的生产规模是非常大的,像矿冶业、造船业等行业主要还是由官府进行生产,其内部分工更细密,生产技术、产品质量、数量等都超过民间手工业。但不论怎么说,这个时期民间手工业获得了重要发展,并且和官府手工业一起构成了宋代手工业整体繁荣发达的面貌。

（三）商业的发达

在农业与手工业有了长足发展的基础上,中唐以后至两宋时期,商品经济迅速蓬勃发展,商品交易范围更加广阔,货币流通出现新的现象,构成了中国古代商品经济发展的第二个高峰时期。

以经济作物为主体的商品性农业生产,直接为市场服务,是这个时期重要的经济现象。在经济较为发达的四川和江南地区,茶农、菜农、蔗农、果农等这样的乡村专业户大批涌现,他们的生产不是自给性的,而是要到市场中交换。这些种植专业性的经济作物生产者,他们与独立的手工业者一起,已经开始向小商品生产者转换了。

在农产品剩余和专业化农业、手工业生产过程中,社会商品构成发生了重大变动,越来越多的生活和生产资料进入流通领域。在开封、杭州,市场中进行交换的已经越来越趋向于民间日常用品交易了。《东京梦华录》中记载了汴梁城内的街市店铺:"街东车家炭,张家酒店,次则王楼山洞梅花包子、李家香铺、曹婆婆肉饼、李四分茶⋯⋯;""相国寺,每月五次开放,万姓交易。⋯⋯第二、三门皆动用什物,庭中设采幙露屋义铺,卖蒲和、簟席、屏帏、洗漱、鞍辔、弓剑、时果、腊脯之类。"另有零散行担货卖者,又有卖冠梳领袜、头面衣着、家用铜铁器、衣箱、瓷器之类。又有出卖零星劳动力者,如荷大斧为人砍柴,担水出卖或供人家打水井等等。《梦梁录》记载杭州:"每日街市食米,除府第、官舍、富室及诸司有该俸人外,细民所食,每日城内外不下一二千石,皆需之铺家。"《武林外史》等都较详细地记载了杭州的食店、茶坊等饮食行业及其他工商业繁忙的情况。

从商品交易时空范围来看,中唐以后商业活动突破了政府规定的交易时间与空间限制。唐中叶以后,长安的坊与坊之间,已经有不少小商贩不分时间地点进行交易,在东市、西市附近的坊与坊之间出现了各式商店,唐后期长安城出现了夜市。洛阳、成都、扬州等城市都有类似情况。[50]入宋以后,宋廷明令取消了宵禁。封闭式的坊市制度完全被打破。这加速了商品交易的发达,新型城镇数量也随之大幅度增加,城市人口膨胀。朱瑞熙根据《元丰九域志》统计,认为北宋全境拥有 10 万户(约 50 万人)以上的城市有 40 多个,徽宗崇宁年间上升到 50 多个[51],而唐代只有 10 多个。城市中从事工商业人口增多,并且在一些具体手工业、商业行业中出现了"行会"组织,如唐代有 112 行,到南宋时已经形成 414 行。城市中的都市化势头已经日趋明朗。

在经济发达或人烟稠密的乡村地区,尤其是在水路码头和交通要道沿线,市镇、草市、墟市成批出现。据统计,到元丰年间全国镇市已发展到 1871 个。[52]这样,在宋代就构成了以城市为中心,由城市、镇市以及乡村墟市而构成的多层次、网络状的地方市场体系。这种区域性市场已经可以明确的有以汴京为中心的北方市场、以东南六路苏杭为中心的东南市场、以成都为中心的蜀川诸路区域市场以及永兴军等为支点的西北市场。在这些全国性区域市场体系下,从简单商品交换到大宗商品交易都得到了较充分的发展,为明清时期全国统一市场的形成奠定了基础。

在这个时期,越来越多的官僚、地主、士人、农民都投入经商活动,出现"全民经商"的社会现象,并且随着商人群体队伍扩大、商业资本雄厚,商人的社会地位得到提高。如以叶适、陈亮为代表的浙东功利学派崛起,对传统儒家义利观提出了挑战,体现出代表商人意识的谋利观念对传统观念的冲击力日益增强。

同时,中原王朝与周边政权之间的物质交流和经济联系在不断增强，形式更加多样，交易规模不断扩大，以榷场贸易、茶马贸易、朝贡贸易和走私贸易等多种贸易方式，把宋、辽、夏、金以及吐蕃、大理等区域性政权日趋紧密地联系在一起。汉唐时期的陆上丝绸之路此时也被海上的"丝绸之路"、"陶瓷之路"和"香料之路"取代，且其贸易规模更大，范围更广，与宋朝建立外贸联系的至少已达60多个国家和地区。

在国内外市场不断开拓、商业规模迅速扩大的背景下，以前以铜钱和布帛为主的交换手段发生了变化，布帛彻底退出流通领域，铜钱也因其分量重、价值低不利于商品交易向更大范围和更深层次的扩展而逐步减少。在此基础上，北宋前期，世界上最早的纸币——"交子"登上了历史舞台。此后，以白银为代表的贵金属货币也开始跻身商品流通领域，最终形成了铜钱、铁钱、楮币和银两并行的新型货币体系。

综上所述，从中唐以后至两宋，农业、手工业和商业都取得了重大突破与发展，达到了前所未有的高度。因此，众多学者对于自中唐以迄宋代以后的历史给予了极高的评价，认为这是中国上古的结束和近世的开端，由此提出了唐宋社会变革说。直至今日，唐宋变革观念还在深深的影响着我们。正是在唐宋社会经济获得快速发展的背景下，我们可以看到，一种和以往完全不一样的新型城乡关系出现了,这突出地体现在这个时期城乡的分离和合作之中。

第三节　唐宋时期的城市与乡村及其联系的加强

前文已述,进入唐宋以后,尤其是中唐入宋以后,社会经济获得快速发展,农业、手工业、商业非常兴盛,进入中国古代社会经济发展的第二个高峰时期。在这个阶段,以往时代很少提及的"城"与"乡"开始在官方文书中出现,唐代政府对百姓不同的居住区实行"村(里)坊制"管理,将城居的"坊郭户"与乡居的"乡村户"相对应,采取不同的管理方式。入宋以后,这种将城市与乡村作为对应概念描述的记载不断增多,且范围不再局限于对居住区域百姓的管理,已经扩大到更深更广的社会、经济、文化诸多层面。这些新情况表明:唐宋时期的城市与乡村已经分化,二者关系与以往时代相比较,已经发生了深刻变化。

一、从城乡一体到城乡分离

春秋战国到秦汉是我国社会经济发展的第一个高峰时期。在社会商品经济发展的前提下,一些工商业城市随之兴起,我们认为当时出现了一定程度的城乡分离。魏晋以后,随着社会商品经济的衰落,自然经济重新占据了社会经济中的主导地位,由此中断了城乡分离趋势,城乡呈现出一体化态势。进入唐代以后，尤其是中唐入宋以后，随着社会经济的发展，这种中断的趋势又被重新延续并且又有了新发展，城乡之间出现了较以往更高层次的分离，这种分离不仅仅只是政治意义的分离，同时也是经济意义上的分离。整个唐宋时期，明显地体现出了从城乡一体到城乡分离与合作的过程。

唐初，"武德七年(624)始定律令：凡天下人户，量其资产，定为九等。每三年，县司注定，州司覆之。百户为里，五里为乡。四家为邻，五家为保。在邑居者为坊，在田野居者为村。村坊邻里，递相督察。士农工商，四人各业。食禄之家，不得与下人争利。工商杂类，不得预于士伍"。[53]这条法令规定了居住在城中与居住在乡村的不同命名方法——坊与村，这与西周时期的国野制命名有一定的类似，但二者是在不同社会经济基础上所产生的，有着明显的差别。这条法令中还规定了"士农工商，四人各业"，这是一种从身份上进行的职业划分，并没有体现出城市与乡村的分离。因为我们可以结合唐代的土地授受制度知道，不论居住于邑中，还是村中，并不影响人们从国家中授受土地。居住在坊中的也可能是从事农业的农民，而居于村中也可能是士子、工商业人士等。也就是说，武德七年法令虽然规定了根据居住区不同而予以不同命名的法令，但并没有从中体现出城乡的分离，它所重视的只是国家对民户的一种管理手段。

玄宗开元二十二年（712）敕："定户之时，百姓非商户郭外居宅及每丁一牛，不得将入货财数。"[54]这条资料表明，在确定户等时，郭内（城内）非商户百姓的郭外宅和郭外（城外）非商户百姓的住宅，都不算作划分户等的依据。这既显示出政府对商户的歧视，也体现出政府已经将郭内、郭外百姓区别对待了。但仍然还难以体现出城市与乡村的分离。

到宪宗元和四年（809）有敕规定："诸道州府应征留使、留州钱物色目，并带使州合送省钱，便充留州供用……如坊郭户配见（现）钱须多，乡村户配见（现）钱须少，即但都配定现钱。一州数，任刺史于数内看百姓稳便处置。"[55]这条资料是现在发现的有关"乡村户"和"坊郭户"的最早记载。它明确使用"乡村户"和"坊郭户"用语，与开元年间使用"郭内百姓"仅指居住区域的含义有了明显差别。这主要体现在"坊郭户"和"乡村户"已经具有了与从事职业经济构成不同的区别。我们知道，建中元年（780），唐政府实行两税法改革，规定"户无主客，以现居为簿；人无丁中，以贫富为差"。收税方式上区分出"居者"和"不居者"，"居人之税，秋夏两征之"，"不居处而行商者，在所郡县税三十之一，度所与居者均，使无饶利"。[56]两税法改革与之前租庸调制的最大不同之处在于"凡百役之费，一钱敛之"，加大了对货币征收的比重。而以"钱"作为征收对象，无疑对以农业为主的乡村百姓来说是件困难的事。因此，随着国家财政对货币需求的加大，以往并未对乡村居民和城居民区分收税的方式逐渐不适应时势发展了。"坊郭户"城居者虽也有农民，但更多的是官员、军队、富室、商人以及手工业者。从前文所述可知，中唐以后社会商品经济交易发达，手工业者、商人数量增多，货币经济随着商品贸易的发展而兴盛，他们大多居住于城内，为满足国家财政需要，才有了元和年间规定的"坊郭户配现钱须多"和"乡村户配现钱须少"的条文区别。"坊郭户配现钱须多"也从侧面表明，"坊郭户"已成为城郭内以从事工商业为主的一个职业群体，这个群体已经为政府所认可，也就是私营手工业、工商业者的地位获得政府认可。因此中唐以后，随着国家财政需要的加剧，城市工商业者的地位也有所提升，这是城乡经济分离的一个重要因素。可以说，从这里开始，唐宋城乡分离的趋势才进一步得以实现。

进入五代、两宋时期，"坊郭户"、"乡村户"出现的频次越来越多，所涉及的范围也越来越广。如五代晋少帝《收复青州大赦文》："青州城市居人等，久经围闭，颇是凋残，……委本道以食粮赈恤。所有城内屋税，特放一年。"[57]宋代元丰二年（1079）诏："两浙路坊郭户役钱依乡村例，随产裁定免出之法。初诏：坊郭户不及二百千、乡村户不及三十千，并免输钱。续诏：乡村合随逐县民户家业裁定免出之法。至是,提举司言:乡村下等有家业不及五十千而犹输钱者、坊郭二百千以下,乃悉免输钱。"[58]哲宗元祐二年(1087)臣僚上言:"兴复州县,若别无大利害,则惟坊郭近上(城)之户便之,乡村上户乃受其弊也⋯⋯州县既复,则井邑盛而商贾通,利皆归于坊郭,此坊郭上户所以为便也。复一小邑,添役人数百,役皆出于乡村,此乡村上户所以受其弊也。"[59]又如高宗绍兴五年(1135)十一月:"以调度不足,诏诸路州县出卖户贴,令民具田宅之数而输其值。既而以苛扰稽缓,乃立价:凡坊郭、乡村出等户皆三十千,乡村五等、坊郭九等户皆一千⋯⋯。"[60]这些材料中,"坊郭户"多数都是和"乡村户"对应而出现,表明这种城市与乡村的分离已经被宋代统治者普遍认可了。"坊郭户"作为法定户名的出现,是城市人口增长、城市经济发展的一个重要标志,在相当程度上标志着工商业队伍的壮大。

唐宋时期城市与乡村的分离不仅统治者这样认为,事实上,当时的社会现象也让诸多的官员、百姓认可了这种城乡差别的现实。比如在遇到灾荒救济年月,"诸处赈济多止及于城市而不及乡野",[61]"乡村近者数里,远者一二十里,奔走告籴则已居后",以致"老稚愁叹",为了避荒就熟不得不背井离乡。[62]在经济生活与思维习惯方面也体现出城乡差别,如唐末洪州(今南昌)有一胡家,家境贫困,其小儿子偶然在一洞穴中捡到数百万钱,胡家因此大富,于是要迁往城中居住。[63]这表明在当时人的观念中,城市已经成为富裕者居住之地,城市与乡村已经不一样了,城乡之间分离的意识除了在社会、经济层面上有所体现外,在思想观念中也已经成为当时人的一种普遍认识。

二、唐宋时期的城市与乡村概况

如前所述,中唐以后,城市与乡村分离的社会趋势已为时人所认可。接下来,我们扼要概述一下这个时期的城市与乡村情况,以便后文的进一步论述。

(一)唐宋城市发展概况

前文已述,在社会经济发展的前提下,唐宋时期的城市也因此得到了巨大发展。这突出的体现在大型城市的出现与繁荣、城市镇的增多和城市人口规模的扩大。

唐代开元时期,人称"家给户足,人无苦窳,四夷来同,海内晏然"[64],全国人口规模达到6000万。以各道、州县治所为主体的城市总数达到1551个,其中人口户数超过7万户(35万人左右)的州府共有30个,超过10万户(50万人左右)有10个,主要分布在黄河中下游和长江下游。而新增设的140余个城镇中,几乎全部位于南方。进入宋代,全国人口最多时突破一亿。府州县治所城市共有1518个,比唐代略少,但北宋人口超过10万户(50万人左右)以上的城市有40多个,到徽宗崇宁年间又上升到50多个[65],则远超过唐代。

在大型城市方面,唐代出现了以长安、洛阳、扬州、成都等为代表的大型城市。长安为唐代全国的政治中心,依靠政治的特殊作用,城市经济也异常繁荣,是全国最大的商业都会,城市人口超过百万。由于唐代实行对外开放政策,与东西方很多国家都有密切的交往,因此,长安又是一座国际性大都市。长安附近的一些城市,如冯翔、扶风、三原、临潼、咸阳、渭南、潼关等城市,因与京畿接壤,并处于长安与东西交往的交通要道上,因而"俗具五方、华戎杂错",工商业也较为兴盛,其民众多"去农从商,争朝夕之利"。洛阳在唐代作为东京,其政治、军事、经济地位都十分重要,因此发展也很迅速,尤其在武则天时代,实际上是武周政权的都城。除政治因素外,洛阳位于南北经济大动脉大运河的中心点,也是长安与东部和南方联系的要冲,水路交通方便,在唐朝前中期是中外商贾荟萃之地,手工业相当发达,不亚于长安,城内市场也较长安为大,又是全国最大的粮仓,它的人口最多时达到140万人之多,远超长安人口规模,是当时世界上人口规模最多的城市。扬州则是联结南北和长江中下游的重要城市,又是南方区域政治行政中心。作为全国最重要的水路交通中心之一,南北商人和物资多以此为总汇,江淮荆湖岭南特产,东南一带海盐,大都在此集散,北方货物也多汇聚于此。因此,扬州商旅辐辏,天宝年间人口有7.7万户（近40万口）。成都作为蜀川和西南地区的经济中心，也得到空前发展，人口规模一度达到10万户，约50万人左右。此外，杭州、苏州、湖州、洪州、广州也是唐代重要的经济中心城市。据估计，唐代城市人口达800万人左右，占全国人口总数的10%以上，表明在此时期，城市发展达到了一个较高水平。

宋代出现的特大型城市有两个，即北宋的汴京（开封）和南宋的临安（杭州）。开封作为全国政治中心，工商业也受其影响快速发展，变得非常繁荣，城市人口也在急剧增加。太宗太平兴国年间有18万户（约90万人），神宗元丰年间有23万户（约110万人），徽宗崇宁年间26万多户（约120万人以上），如果加上皇室成员及其侍从、各地贡生举人、官办工场的工匠、流动商贩、游民、僧道、娼优、仆役、外国商人侨民及常驻军队（一般为10余万，北宋末达到40余万）等，开封城市人口可达150万—170万人。杭州在北宋时已是全国最重要的工商业城市之一和对外贸易主要港口。经济、文化都相当繁盛。在南宋迁都杭州后，杭州在汹涌的南迁人口潮流中成为新的特大城市。"城内外不下数十万户，百十万口"[66]。南宋乾道年间，杭州有26万余户，据吴松弟推测，当时临安城内外约有人口120到130万人[67]。

宋代城市发展的另一个重要表现是小城镇的兴起与发

展。镇，原本为军事据点军镇。中唐五代时期，随着工商业的发展，一些交通方便，商业较发展的镇作为商品交换地点发展起来。这种工商业市镇在唐后期已比较多，进入宋代则达到一个高潮。大多数的新兴市镇的位置都处于交通要道、水陆码头、沿海口岸、大城市四周，如运河沿岸、长江下游、汴河、淮河沿岸都分布着许多小城镇，在建康、临安、成都、汴京、泉州周围也出现若干市镇。北宋神宗时全国有近1800 个镇，约 1300 多个镇分布在南方。商业及服务业是小城镇的首要和主要行业，一般的小城镇都具备城内商品交换中心的功能，与之相应的是商业性人口在小城镇人口中所占的比重最大。由于镇市商业的繁荣，一些较大的镇市商业税收甚至超过县城。如秀州华亭县青龙镇，密州板桥镇等。此外，也出现一些以手工业著称的名镇，如以烧瓷而闻名的江西景德镇，以盛产优质纸而著称的福建麻沙镇等。

　　如果按上述人口统计，宋代城市人口将超过 2000 万，城镇化水平达到 20% 以上，表明宋代城市人口增幅很大，城市的发展水平也远较唐代为高。在世界范围内相比的话，唐宋时期的城市发展就是这个时代世界的最高水平。

　　从城市内部构建来说，唐宋时期的城市市场随着商品经济的发展而发生重大转变。唐前期，在城市内实行严格的坊市制，将居民居住区和商业区区分开来。如唐代长安城内东西 14 条大街、南北 11 条大街,划分出 108 坊,其中东西二市,各占二坊之地,长宽各约 1000 米。市内有两条南北大街和两条东西大街,相交成"井"字形,四面立邸,中间则是各类行业的店肆,同类行业的店肆往往集中于同一区域。东市有 220 行,肆邸千余,货物山集,商贾云集。西市则有西域以及波斯、大食商人,是对外贸易的中心。洛阳城内有南市、北市和西市,制度规模与长安的东西市大致相同。在市内,交易也有时间限定,一般来说,中午打鼓 300下,交易才开始,日落时击钲 300 下,交易停止。同时政府还严格规定,"非州县之所,不得置市",[68]以限制商品交易。但是,随着社会商品经济的繁荣,这种严格的坊市制度逐步被打破。唐中叶以后,长安的坊与坊之间,出现了不少的小商贩,他们不分时间地点进行交易,在东、西市附近的坊与坊之间也出现了各种商店,如饼铺、馄饨店、茶肆、酒肆等,旅舍、旅邸、僦舍也在东西市附近的各坊大量出现。到 9 世纪时,长安城内出现夜市,崇仁坊等处"昼夜喧呼,灯火不绝",打破唐政府规定的夜间不能进行商业活动的禁令。洛阳在三大市场之外,又于南北大运河的交汇处两岸形成新的市场,这里"商旅贸易,车马填塞,若西京之崇仁坊"。[69]当时扬州人称"十里长街市井连",商业店肆遍布城内,夜市也是相当繁荣,王建有诗称之"夜市千灯照碧云,高楼红袖客纷纷",从中也可见一斑。

　　进入宋代以后,坊市制已经流为形式。宋代商人只要纳税便可在城中任择地点开设店铺。据《东京梦华录》载,开封城内往往是坊、市、巷并列,某坊又称某市,可见商业区已经从原来的市扩展到居民区。如界声巷,原是相国寺的一部分,至徽宗时已成"金银财帛交易之所,屋宇雄壮,门面广阔,望之森然。每一交易,动即千万,骇人闻见"[70]。而相国寺本身,也从原来"空寂庄严"的古刹巨寺演变成四方商品"悉萃其间"的大商场。每月定期开放八次[71],寺内大批房屋辟作营业性质的邸店,供各地来京商人居住和堆放货物。南宋临安城中,坊市互称已经成为通例。据《梦粱录》载,城内融合坊北至市南坊,称"珠子市",交易额"动以万数"。自五间楼北至官巷南御街,两边多是"金银盐钞引交易铺",共100多家。[72]另据范成大《吴郡志》,苏州城中也是坊市对举,如鱼行桥东为富仁坊,桥西为嘉鱼坊,馆娃坊即果子行,和丰坊即米行等。[73]在坊市制瓦解过程中,越来越多的商人在街道两旁开设店铺,发生"侵街"现象。真宗咸平年间、仁宗天圣年间两次下令拆毁侵街而建的屋舍,并在街道两旁"置籍立表,令民自今无复侵占",[74]"限一岁依元立表木毁拆"[75]。到徽宗崇宁年间,汴京城内的税务机关正式征收"侵街坊廊钱",这表示沿街建筑的合法性终于得到官方的正式承认。

　　唐后期的夜市,在宋代开封、杭州等大城市中已经成为常态。汴京城内自州桥南去直至龙津桥,各种店铺"直至三更"[76]方休。南宋"杭城大街,买卖昼夜不绝。夜交三四鼓,游人始稀;五鼓钟鸣,卖早市者又开店矣"[77]。"最是大街一两处面食店及市西坊西面食店,通宵买卖,交晓不绝。缘金吾不禁,公私营干,夜食于此故也"[78]。

正如魏天安所说:"古典坊市制以限制人的活动时间和空间自有为基本内容,而近代街巷制度则以便利居民的生活和经营为基本内容。"[79]唐宋坊市制的崩溃、侵街现象的出现以及夜市的扩大,还有城市规模的扩大与人口的增长,都似乎可以说明这个时期城市经济的发展繁荣已经将唐宋城市带向了向近代城市发展的转变之中。

(二)唐宋乡村发展概况

乡村一直是传统中国社会经济的根基所在。在农产品生产有剩余的情况下,手工业逐步从农业中脱离出来,随后商业又从其中分离出来,形成三次大的社会分工。社会分工促进了社会经济的发展,特别是在农业和手工业生产发达的时候,商业必然随之兴起发达。城市也就在农工商业发展的基础上才得以兴起。中国最初的城市是由政治和军事因素而兴起,但是它的发展与繁荣同样只能在社会农工商业发展的前提下才能获得。

在唐宋以前,人们对城市与乡村的观念还较为淡薄。如前所述,进入中唐以后,才逐步产生了"坊郭"和"乡村"

的概念,并赋予其不同的职业群体。坊郭户多指城市中的工商业群体,乡村户则指从事农业生产的农业群体。对乡村社会来说,乡村的发展主要就是农业经济的发展。

　　唐宋时期农业经济的发展主要体现在水利兴修事业发达、劳动工具改进、种植物种丰富、劳动产量提高以及农业商品化程度的加强等方面。

　　水利兴修事业是农业经济发展必不可少的前提。唐宋是我国水利兴修事业的高速发展时期。唐代初建,就着力修复汉代关中水利设施。如唐代在西汉所开成国渠渠口修建了"六门堰",灌溉面积扩大到 2 万余顷。又重新疏浚了曹魏时期的泝水渠,改为"升原渠"。在原秦汉时的郑白渠基础上开通太白、中白和南白三大支流,称为"三白渠"。唐高祖武德七年(624),云得臣自龙门引黄河水灌溉韩城县田 6000 余顷。唐开元七年(719),于"朝邑、河西二县,开河以灌通灵陂,收弃地二千顷,为上田置十余屯"。[80]同时还通过开凿田间沟洫,种稻洗碱,使大片盐碱洼地成为了"原田弥望,畎浍连属"的膏腴稻田。唐代关中农田水利建设,极大地提高了原有水利工程的灌溉能力,促进了农业经济的发展。安史之乱以后,以南方水利兴修为主,如在太湖流域周边大兴农田水利建设,最终形成了"畎距于沟,沟达于川,……乃与湖连,上则有涂,中亦有船"[81]的沟渠路系统,保证了唐后期太湖地区成为向北方供应粮食的主要基地。五代入宋，在太湖低洼区筑堤作圩，防洪排水，在高仰处修浚塘浦，引水灌溉，逐步发展成为"或五里、七里而为一纵埔，又七里、十里而为一横塘"[82]的纵横渠道交错的水网。在所有的干河、支渠、海口以及圩堤之间，设置了堰闸、斗门，用于调节水位和流量，以达到旱灌涝泄的目的。在此基础上形成太湖周边的塘、浦、圩田系统。北宋时，又重新修复北方水道，但是南方水利兴修一直占有重要比重。到南宋时，经济重心南移完成，政府农业重心完全依靠两淮江南，"水田之利，富于中原，故水利大兴"[83]。

　　唐宋时期灌溉工具也随着水利兴修而得到发展。唐代所用的灌溉工具，除了继续沿用汉代以来的戽斗、桔槔、辘轳外，还比较广泛地使用了水车。如《元和郡县图志》江南道蕲春县条下有"翻车水"、"翻车城"记载。唐代还发明和使用了筒车。筒车是利用水流推动转轮来提水灌溉的装置。唐人陈廷章的《水轮赋》中对筒车有生动具体的记载，杜甫诗中也有"连筒灌小园"之句，就是描述筒车用于农田灌溉的景象。

　　农业生产工具中，江东犁的出现是农业生产工具中最重要的改进。根据陆龟蒙《耒耜经》的描述，江东犁由十一个零件组成，这十一个零件包括：犁镵、犁壁、犁底、压镵、策额、犁箭、犁辕、犁梢、犁评、犁建、犁盘。其中除犁镵和犁壁是由金属铸造而成的以外，其他皆由木制而成，江东犁也因此叫做铁铧犁。它操作更为灵活自如,入土深浅和起土宽窄更加随心所欲,又便于耕作时保持平衡,较好地适应了南方水田耕作的需要,对于提高水田劳动生产率发挥出重要作用。

种植作物方面,传统的粮食作物粟获得继续发展,随着经济重心的南移,稻逐渐取代粟在粮食供应中的地位,麦则紧跟而上,与粟处于同等的地位,形成了稻粟麦三分天下的局面。到了宋代,稻麦的地位又得到了进一步的加强。同时,新型垦田如梯田在宋代山区中得到大量垦辟,引起了新的粮食作物种植有所增加,其中的荞麦和蜀黍(即高粱),油料作物中的油菜等都是这一时期新增的种类。荞麦是一种种植季节较长而生育期短,适应性广而耐旱性强的作物,荞麦的普遍种植对于增加复种面积,扩大土地利用和防旱救荒都有一定的作用。但是唐以前,荞麦的种植似乎并不普遍,只是在唐代以后才开始普及。高粱虽然在魏晋时期即已可能进入中国,但内地种植并不普遍。高粱可供食用、作饲料,秸秆还可以作多种杂用,它们都可以在不同田地中种植生长,在这个时期已为人们所重视,成为粮食种植增长的一个重要组成部分。

农业生产工具的改进、水利工程的发展,促进了农业劳动生产率的提高。唐代开元、天宝年间"耕者益力,四海之内,高山绝壑,耒耜亦满。人家粮储,皆及数岁。太仓委积,陈腐不可校量"[84]。天宝八年(749),政府仓储粮食约达9600万石。安史之乱后,经济重心南移,粮食产量主要依赖江南地区。如贞元八年(792)权德舆建言:"江、淮田一善熟,则旁资数道,故天下大计仰于东南。"[85]湖南、江西诸州也"出米至多,丰熟之时,价亦极贱"[86]。湖南的"潭、桂、衡阳,必多积谷,关辅汲汲,只缘兵粮漕引。潇湘洞庭,万里几日?沧波挂席,西指长安。三秦之人,待此而饱;六军之众,待此而强"[87]。经济重心南移直到南宋完成,这个时期南方都是粮食的重要产地。漆侠先生研究认为:"(宋代)两浙路太湖流域、江东路圩田区是当时稳产高产集中的所在,亩产量从北宋时的米三石发展到南宋时的五、六石或六、七石。"[88]粮食亩产量的增长就是农业生产力提高重要表现。在唐宋时期,粮食产量创下历史新高。

最后,唐宋农村经济发展还表现在经济作物种植的扩大和农业商品化程度的提高。唐宋时期,由于人口增殖过快,人地关系的矛盾已经较为突出。唐后期,在兴修水利的基础上,南方太湖流域等地区出现了圩田。进入宋代,土地垦辟又向山区扩展,也达到"田尽而地,地尽而山,山乡细民,必求垦佃,犹胜不稼"[89]的局面了。在向山区垦辟土地加大过程中,开发出大量的梯田。这些梯田和村民居住房前屋后空闲之地,普遍都在其上种植经济作物,如茶、桑、麻、甘蔗、棉、果树、花卉、蔬菜等等。这些经济作物种植中,桑、麻、蔬菜、花卉等在前代就有所种植,进入唐宋以后,种植区域扩大,面积增广,产量也得到提高。其他经济作物如茶、甘蔗、棉等,则是在唐宋时期才得到种植并推广。尤其是茶树的种植,成为唐宋时期作物种植中最为重要的物类。唐陆羽著《茶经》较详细地记载了人工栽培茶树方法,五代时韩鄂《四时纂要》又记载了穴播种茶法,因此唐五代至宋种茶之地遍布全国,主产区就在江南丘陵地带。《全唐诗》中有 700 多条关于茶事的诗句,其中 99% 的都是唐中期以后的记载。[90]同时,这个时期南方农户开始大量以种茶作为副业生产,有的已经经营专业化水平较高的茶园[91],有的地区涌现出以生产茶叶为专业的农户,如祁门县一带,"山多而田少,水清而地沃。山且植茗,高下无遗,千里之内,业于茶者七八矣"。[92]庐州一带,"作业多仰于茗茶,务本不同于秀麦"。[93]宋代茶叶种植区域更多,产量更大:唐代茶叶产量可能是几千万唐斤,宋代则在一亿宋斤,约当今六万吨以上。[94]

桑树种植也是这个时期经济作物种植的重要代表。《嘉泰吴兴志》记载了在湖州,"山乡以养蚕为岁计,富室有蚕至数百箔",又说"今乡土所种,有青桑、白桑、黄腾桑、鸡桑,富家有种数十亩者"。[95]秀州以及"杭、湖等州属县,多以蚕桑为业"。[96]苏州太湖洞庭山方圆数十里,"多种柑橘、桑麻,糊口之物,尽仰商贩"。[97]在宋代两浙地区,当时有"养蚕之利,踰于稼穑"[98]的说法。甘蔗也在福建、四川等地广泛种植,如孝宗时建安知府韩元吉说"建宁之境,地狭而民贫","七邑之民……又多费良田以种瓜植蔗"[99]。四川遂宁涪江东岸的小溪县,"山前后为蔗田者十之四"[100]。

茶户种植茶叶,桑户种植桑叶,蔗农种植甘蔗,所产物品并非自己消费,而是茶叶卖于茶商,桑叶卖于蚕户,甘蔗用于制作糖霜,表明这些经济作物的种植已经是面向市场,商品性农业经济兴起,成为这个时期农业经济的一个重要现象。也正是这一点,表明唐宋时期农村经济发展与以往相比已经发生了重大变化。

三、唐宋城乡经济联系的加强与合作

如前所述,中唐以后,不论是在国家法令规定中,还是在士大夫、小民的自我意识中,都认为这个时期城市与乡村是不同的两个概念,城市已经从乡村中分离出来了。这种分离,不是政治意义上的分离(政治意义的分离从国家产生就已经分离了),而更多的是经济、社会与文化意义上的分离。作为经济意义上的分离,我们从上文中可以看出,城市的主导经济是手工业与商业,很多城市既是政治中心同时也是手工业发展和商品交易最集中的地方,影响力较大的城市几乎都是以工商业发达而称著,城市聚集人口众多,商业繁荣;而农村则以农业生产为主,人口分布相对分散,

二者贫富对立,这让城市与乡村恍惚成为两个不同的世界。这种经济意义上的差别扩大化才出现所谓的城市与乡村的分离。与唐代以前的城市经济主要以为统治者服务的消费性经济为主不同,唐宋城市经济有更多的平民百姓参与其中而显得城乡分离层次更高,城乡差别更为明显。同时也要看到,这个时期的城市与乡村之间的关系除了分离、差别之外,城乡之间在经济上也表现出日趋密切的联系与合作,这才能全面反映唐宋城乡经济关系的主线。唐宋时期城乡经济联系的加强,正是唐宋城乡经济变革的反映。在城市,坊市制度瓦解以后,城市经济的发展带动了农村经济的发展。城市作为商品流通中心,市场空间不断扩大,促进了乡村经济结构的调整。在农村,均田制和租庸调制崩溃以后,农村经济市场化趋势日渐明显,农村与城市之间商品交换关系更为紧密。

中唐以前的城市,更多是为统治者服务的消费性城市,政府对市场交易的时间与空间作了严格限定,商品交易被控制在一个有限度的范围内。如唐长安东西二市、洛阳三市等,由于城市人口众多,城市交易也体现出一片繁荣景象,但这种市场繁荣从深度来说是有缺陷的。中唐以后,随着坊市制度的崩溃,居住区与商业区已经互混,夜市出现,城市市场交易的时间与空间都突破了以往限定,表明城市市场在不断扩大。这种市场空间的扩大,入宋以后更加明显,城市作为商品流通中心的地位也由此更加突出。

　　宋代对进入城市的商品在经过城门时要课以商税,税率一般为3%,如有同一种商品被带入城内交易后又被带出城外,该商品被征收的商税为5%—6%[101]。从门税征收的细目来看,有牛、蒲、鱼、果、竹木、炭、柴草、衣履、谷物、瓷瓦、香药、盐、茶、金银、宝货等。而宋代所征收商税数额以熙宁十年数额看,按铜铁钱计已经达到8788621贯,相当于当年财政收入的近40%的比重。这说明宋代时期商业贸易极为繁盛。以城市中对这些物品进出城门征收商税且所获税额之多来看,已经体现出该时期城市商品的流通性较强的特点。事实也是如此,如汴京作为宋代最重要的城市,它不仅仅有需要供养百万城市人口所需的粮食供应,同时还向全国其他地方输出商品,如向西北地区输出茶、布帛等日常用品,还有药品、书籍,以及斛斗、椅子、漆器等各种手工业品[102];在州一级城市虔州,其"输入广州的贵重货物,诸如:黄金、白银、香料以及医药、犀角、象牙等等,都首先经过广东北部的大庾岭,然后由虔州以船只运往北方。"[103]可见,商品聚散已经成为宋代城市所具有的一种普遍经济功能,也正因为如此,才会出现商品征税所占比重日益扩大的情况。

　　坊市制度崩溃以及城市作为商品流通中心地位的确立,是由商品交易的扩大所引起的。商品交易的扩大就是市场的扩大。这体现在商品交易种类、规模、货币资本等等方面。从商品交易种类及规模来看,唐宋时期商品种类以农产品、手工业品为主,特别是粮食、丝织品、茶叶、瓷器、盐等在市场中所占份额最大,且规模极为庞大。这些商品交易的繁荣与农产品剩余的增多有极大关系,农产品剩余增多才有可能为手工业生产提供原料以及物资支持,由此才会带来商品交易的繁荣。中唐以后,随着交易规模的扩大,市场随之扩大,农村经济经营模式也发生改变,一方面是农产品卷入商品交易程度更深,另一方面则是农村经济作物种植的扩大。农村经济作物种植扩大,前文已有论述,这时大量的经济作物种植专业户出现,如茶户、漆户、桑户等等,他们所生产的物品茶、漆、桑麻、棉、甘蔗等完全是为了满足适应市场的需求,已经是完全商品化生产了。而农产品交易范围更广,如粮食进一步卷入商品化浪潮中,则是与城市人口的大量增加所需粮食消费扩大有关,城市粮食消费一部分由国家通过赋税征集而得,一部分则是通过市场交易获得。中唐特别是入宋以后,城市人口增长速度惊人,到徽宗时已突破一亿。这些人口所需粮食数额极大,政府通过市场和买、籴粜粮食的记载可以说不绝于书,与之相对应,商人收购粮食也在全国各地随处可见。粮食由此卷入商品化程度更深。同时,农村家庭手工业品也广泛流入到市场之中,如家庭手工织品、皮毛等都在城市商品交易中随处可见。这又进一步推动了市场的扩大,典型的例子如草市镇在乡村交通要道或者是大城市周边广泛兴起,在草市镇的发展过程中,更多农村家庭卷入市场,从而推动了整个社会经济的繁荣。可以说,农产品及其手工业品的商品化构成了城市经济发达的基础,城市经济的繁荣进一步推动了乡村产品的商品化程度提高,城市与乡村经济联系不断加强。

由此可见,唐宋城乡经济关系一个最显著的特点是城乡经济联系的加强,这是城市经济的发展与农村经济变革相互呼应、共同作用的结果。宋哲宗时,殿中侍御史孙升说:"货殖百物,产于山泽田野,售之于城郊,而聚于仓库,而流通之以钱,……城郭乡村之民交相生养,城郭财有余则百货有所售,乡村力有余则百货无所乏。……城郭之人,日夜经营不息,流通财货,以售百物,以养乡村。"[104]这段话对于城市与乡村经济关系作了很好的归纳,揭示了城乡间的联系与合作,强调了二者"交相生养",是对这个时期城乡经济关系最为形象的概括。

注　释

1　参见王国维:《殷周制度论》,《观堂集林》第十,河北教育出版社 2003 年。

2　《马克思恩格斯全集》第 21 卷,第 186 页。

3　《世本·作篇》。

4　《吕氏春秋·君守》。

5　《吴越春秋》。

6　顾朝林等著:《中国城市地理》,商务印书馆 2004 年,第 19—23 页。

7　《吴越春秋》。

8　何一民:《中国城市史纲》,四川大学出版社 1994 年,第 10—11 页。

9　张鸿雁:《春秋战国城市经济发展史论》,辽宁大学出版社 1988 年,第 181 页。

10　《战国策·赵策》。

11　王符:《潜夫论·浮奢篇》。

12　司马迁:《史记》卷 129《货殖列传》。

13　《晋书》卷 5《愍帝纪》。

14　《后汉书》卷 97《仲长统传》。

15　曹操:《蒿里行》,《汉魏六朝百三家集》卷 23。

16　参见赵文林、谢淑君:《中国人口史》,人民出版社 1988 年。

17　《晋书》卷 88《庾衮传》。

18　据《旧唐书·地理志》诸州户口统计。

19　《旧唐书》卷 88《苏环传》。

20　《旧唐书》卷 8《玄宗纪上》。

21　据《新唐书·地理志》诸州郡户口分计数总计而来。

22　参见吴慧:《中国历代粮食亩产研究》,农业出版社 1985 年。

23　赵冈、陈钟毅:《中国农业经济史》,台北幼师文化出版事业公司 1989 年。

24　史念海:《河山集》,生活·读书·新知三联书店 1963 年,第 217 页。

25　《唐六典》卷 7《尚书工部》卷 22《少府军器监》卷 23《将作都水监》。

26　《唐六典》卷 22《少府监·织染署》。

27　朱伯康、施正康:《中国经济史》上卷,复旦大学出版社 2005 年,第 445 页。

28　《旧唐书》卷 94《崔融传》。

29　参见胡如雷:《〈唐天宝二年交河郡市估案〉中的物价史料》,《隋唐五代社会经济史论稿》,中国社会科学出版社 1996 年。

29　《通典》卷 7《食货典·历代盛衰户口》。

30　《旧唐书》卷 11《本纪第十一·代宗》。

31　《旧唐书》卷 16《本纪第十六·穆宗》。

32　尽管这一人口数据的确实性引起不少学者质疑,但笔者认为这种质疑只是在具体数额上引起的争论,对于经历安史之乱以后的人口锐减事实不会改变。

33　《宋会要辑稿·食货》11 之 26—28。

34　据《文献通考》卷1《田赋考·历代田赋之制》。

35　如有学者认为宋代英宗治平年间,实际耕地面积达到 1470 万顷,是盛唐耕地面积的2.2 倍。参见朱瑞熙:《宋代社会研究》,中州古籍出版社 1983 年。

36　《通典》卷6《食货典·赋税下》。

37　《新唐书·地理志》。转引自牟发松:《中唐前后南北水利工程数量对比简表》,《唐代长江中游的经济与社会》,武汉大学出版社 1989 年,第 76 页。

38　《宋史》卷 173《食货上一·农田》。

39　漆侠:《宋代社会生产力的发展及其在中国古代经济发展过程中的地位》,《中国经济史研究》1986 年第 1 期。

40　吴慧:《中国历代粮食亩产研究》,农业出版社 1985 年。

41　赵冈、陈钟毅:《中国经济制度史论》,中国经济出版社 1991 年。

42　《蜀锦谱序》。

43　《梦溪笔谈》卷 24。

44　见《宋史》卷 149《舆服一》。

45　《陶录》卷7《历代窑考》。

46　《梦粱录》卷 9《监当诸局》。

47　《宋史》卷 175《食货上三》。

48　此系熙宁十年数,参见《宋会要辑稿·食货》15、16、17。

49　何一民:《中国城市史纲》,四川大学出版社,1994 年,第 118 页。

50　64　朱瑞熙:《宋代社会研究》,中州古籍出版社 1983 年,第 14 页。

51　漆侠:《宋代经济史》,中华书局 2009 年,第 953 页。

52　《旧唐书》卷 48《食货上》。

53　《通典》卷6《食货六·赋税下》。

54　《唐会要》卷 58《户部尚书》。

55　《旧唐书》卷 118《杨炎传》。

56　《全唐文》卷119，晋少帝《收复青州大赦文》。

57　《宋会要辑稿·食货》65之21。

58　《续资治通鉴长编》卷407，元祐二年十二月丙申条。

59　《宋史》卷174《食货上二·赋税》。

60　董煟：《救荒活民书》卷上。

61　《历代名臣奏议》卷246《荒政》。

62　《钱通》卷17。

63　《通典》卷15《选举三·历代制下》。

65　《梦粱录》卷16《米铺》。

66　参见吴松弟：《中国人口史》第三卷《辽宋金元史》，复旦大学出版社2002年。

67　《唐会要》卷86《市》。

68　《河南志·唐城阙古迹》。

69　《东京梦华录》卷2《东角楼街巷》。

70　《麈史》卷下，相国寺在北宋年间每逢"朔、望、三、八日即开"。

71　《梦粱录》卷13《铺席》。

72　《吴郡志》卷6《官宇》。

73　《续资治通鉴长编》卷51，咸平五年二月戊辰条。

74　《续资治通鉴长编》卷102，天圣二年六月己未条。

75　《东京梦华录》卷2《州桥夜市》。

76　《梦粱录》卷13《夜市》。

77　《梦粱录》卷13《天晓诸人出市》。

78　魏天安：《宋代行会制度史》，东方出版社1997年，第9页。

79　《新唐书》卷100《姜师度》。

80　《唐文萃》卷21，李瀚《苏州嘉兴屯田纪绩颂》。

81　《三吴水利录》卷1。

82　《宋史》卷173《食货上一·农田》。

83　《次山集》卷7《问进士·第三》。

84　《新唐书》卷165《权德舆》。

85　《唐大诏令集》卷72《乾符二年正月七日南郊赦》。

86　《唐会要》卷87《转运盐铁总叙》。

87　漆侠:《宋代社会生产力的发展及其在中国古代经济发展过程中的地位》,《中国经济史研究》1986年第1期。

88　《王氏农书》卷11《梯田》。

89　朱自振:《茶史初探》,中国农业出版社1990年,第259页。

90　参见孙洪升:《唐宋茶叶经济》,社会科学文献出版社2001年,第27页。

91　《全唐文》卷802,张途《祁门县新修阊门溪记》。

92　《全唐文》卷772,李商隐《为京兆公乞留泸州刺史洗宗礼状》。

93　郭正忠:《两宋城乡商品货币经济考略》,经济管理出版社1997年,第258页。

94　《嘉泰吴兴志》卷20。

95　《北山小集》卷37。

96　《鸡肋集》卷中。

97　《鸡肋集》卷上。

98　《南涧甲乙稿》卷18《建宁府劝农文》。

99　王灼:《糖霜谱》。

100　李景寿:《宋代商税问题研究》,云南大学出版社2005年,第121—122页。

101　全汉昇:《北宋汴梁的输出入贸易》,《历史与语言研究所集刊》(第八册),商务印书馆1939年,第189—301页。

102　马润潮著、马德程译:《宋代的商业与城市》,(台北)中国文化大学出版部1985年,第58页。

103　《续资治通鉴长编》卷394,元祐二年正月辛巳条。

第三章 唐宋时期的城乡社会
再生产及其相互联系

马克思指出:"不管生产过程的社会形式怎样,它必须是连续不断的,或者说,必须周而复始地经过一些同样的阶段。一个社会不能停止消费,同样,它也不能停止生产。因此,每一个社会生产过程,从经常联系和它的不断更新来看,同时也就是再生产过程。"[1] 社会再生产,是任何社会形态都必须进行的活动。只要人类存在,消费就永无止境。也正因为如此,马克思概括说:"在生产中成为结果的一切同时也是前提。"[2] 城乡社会再生产过程的关系构成城乡经济运行的基本关系。为此,本章以马克思在《资本论》等著作中阐发的关于社会再生产的原理为指导,对唐宋城乡社会再生产过程中体现出来的城乡经济关系做一探讨。

第一节 城乡经济的生产和消费关系

物质资料的生产和消费,是人类社会赖以生存和发展的基本物质基础,也是人类社会经济活动的出发点和归宿。因而,生产与消费方式的转变是经济活动领域的重大变革。因此,要全面把握唐宋城乡经济关系的发展与变化,就不能不研究城乡生产和消费及其对城乡经济关系的影响。

一、唐宋城乡生产和消费概述

(一)城乡生产

唐宋时期,城市最显著的变化就是生产性功能的突出。早期的城市因其政治、军事的意义而表现出显著的消费性,城市的生产主要表现为官营手工业的生产。官营手工业以满足皇室、贵族和官僚消费为主,生产不具备商品性。唐宋以降,城市的经济功能得到加强,民营手工业经济在城市聚集并兴盛起来,使得城市在生产方面的功能日渐突出。

唐代中后期,人口比较集中、消费经济比较活跃的城镇私营手工业作坊迅猛兴起。私营手工业作坊尤其是大型私营手工业作坊,是唐代出现的新生事物。[3]在私营手工业发展的基础上,唐代开始出现了"行"、"坊"等手工业组织。以"行"为例,唐代两京内就有内衣行、鞦辔行、织锦行、秤行、染行、绢行、金银行等。北京房山石刻中出现的手工业行会就有布行、小彩行、大绢行、丝行、小绢行、生铁行、炭行、磨行、染行、帛行、幞头行、靴行等。[4]此外,城市中还出现了手工业组织"坊",如《酉阳杂俎》续集卷8记载"唐文德戊申岁,钜鹿郡南和县街北有纸坊,长垣悉曝纸",《清异录》卷下《碧金仙》载:"有刁萧者,携一镜,色碧体莹,背有字曰:碧金仙。大中元年十二月,铜坊长老白九峰造。"手工业组织的发达,足见城市私营手工业的兴盛。

　　进入宋代,城市民营手工业发展更为迅猛。据《续资治通鉴长编》卷262熙宁八年四月癸未条载,汴京至少有一百六十多行,除去经营食品的工商业者外,从事手工业生产的人应该不少。孟元老记载:"北去杨楼,以北穿马行街,东西两巷,谓之大、小货行,皆工作伎巧所居。小货行通鸡儿巷妓馆,大货行通笺纸店。"[5] 这里所说的"大小货行"就是一些工商合一的民营手工作坊。到南宋,尽管官营手工作坊在矿冶、铸钱、军工和造船等行业中仍然占有相当份额,但与民生日用品相关的纺织、陶瓷、造纸、印刷和食品制造等多数行业中,民营手工业已经占据主导地位。[6] 在京城临安,仅《梦粱录》卷13《团行》中记载的手工业作坊就有碾玉作、钻玉作、篦刀作、腰带作、石作、金银打钑作、裹贴作、裱褙作、铺翠作、装銮作、油作、木作、砖瓦作、泥水作、竹作、漆作、钉铰作、箍桶作、裁缝作、修香浇烛作、打纸作、冥器作、花作等23种。正如《武林旧事》所言:"都民骄惰,凡买卖之物,多与作坊行贩已成之物,转求十一之利。或有贫而愿者,凡货物盘架之类,一切取办于作坊,至晚始以所直偿之。虽无分文之储,亦可糊口。此亦风俗之美也。"[7]

在农村,唐宋时期是农村经济大发展和大变革的时期,其中最显著的特点就是农村经济的市场化。唐朝中期"两税法"实施以后,国家对土地采取"兼并者不复追正,贫弱者不复田业,姑定额取税而已"[8]的政策,均田制和与之相配套的租庸调制走向瓦解。在均田制和租庸调制下,土地由国家授予,国家土地上种植的作物种类予以明确规定,这些土地或为桑田,或为麻田,或为露田,农民无权按照自己的意愿选择种植作物种类。一方面,均田制的瓦解,使得农民具有了生产的自主权,这为农民根据市场需求进行农业生产创造了条件。另一方面,唐宋时期农业生产率有了显著提高,唐代农业至开元天宝之时发展达到高峰,宋代农业则在唐代的基础上又有了新的进步,以致有学者认为宋代出现了所谓的"农业革命"。唐宋时期,农业生产中最引人注目的成就就是农业集约化程度的大幅提高,这是唐宋农业生产力发展的一大标志。宋代粮食生产率的提高,使更多的农民得以匀出劳力与土地种植经济作物。根据蒙文通先生的研究,唐宋粮食的单位面积产量比汉朝猛增100%。[9]一般认为,唐代的粮食亩产量约在1石至2石,较两汉时期有了可观的进步[10]。宋代农业最发达地区的亩产量大约为战国时期的4倍,唐代的2倍有余,大大超过了汉唐时期。[11]

农业生产率的提高,使得农村剩余粮食增多。唐代,一个占地 40(唐)亩、年粮食总收入为 60 石的 5 口之家,用于口粮、赋税和再生产的支出约为 48.05 石,占总量的 80%,农户的剩余产品率为 20%。[12]到宋代,有学者估计农户的剩余产品率达到 36%,[13]郭正忠先生也估算端平年间常熟县生产的粮食总量扣除口粮和秋税苗米之外,剩余粮食占总产量的 60%;景定年间,建康府 5 县的剩余粮食占总产量的 58%,[14]虽然这些数字未免过高,但是由于两宋之际稻麦连作和双季稻种植面积的扩大,农户剩余产品增多应是事实。粮食的剩余促使粮食向商品化方向发展。唐宪宗元和六年,凤翔节度使李惟简大力发展农业生产,"属岁屡稔,公私有余,贩者流及他方"。[15]洪州胡氏因勤于农桑而致富,令其子"主船载麦,溯流诣州市出售"。[16]《稽神录拾遗》也记载:"戊子岁旱,庐陵人龙吕裔,有米数千斛,巢既而米价稍贱"。宋代,投入到市场流通中的剩余粮食更形成了一定的规模。在荆湖南路,"民计种食之外,余米尽以贸易"[17]。广西西路,"田家自给之外,余悉粜去,曾无久远之积"[18]。

农村生产的发展还表现为商品性农业的发展。唐代的商品性农业生产已经具有的一定的规模,粮食的商品化程度提前提高,粮食已经成为了重要的商品。城市中不仅活跃着大量的粮商,如广陵的李钰"世居城市,贩籴自业"[19],江淮间的投机米商专门"积米以待踊价"[20],而且商品粮的长途贩运也十分常见,杜甫《后出塞》一诗有云:"渔阳豪侠地,击鼓吹笙竽。云帆转辽海,粳稻来东吴。"这反映了南方稻米向北方贩运的情况。粮食以外,副业生产的商品化也十分明显。李伯重认为唐代江南农村出现了副业生产的"商业化倾向",具体表现在:"(一)越来越多的农家副业产品转化为商品;(二)越来越多的农民转而专门从事专业化的副业商品生产。"[21]特别是茶叶和丝织品成为商品性最强的副业产品。宋代,粮食已经是市场上流通的大宗商品,投入市场的粮食不仅数量增多,粮食市场较唐代也有巨大的发展,全国很多地区都出现了米粮大量商品化的情况。郭正忠先生指出,宋代粮食商品化趋向的资料表明,当时的农产品,已不是个别或偶然地进入流通领域,而是具有了某种普遍性。[22]此外,宋代经济作物种植更为扩大,数量和种类繁多的农产品,越来越多地转化为商品。棉、蚕桑、甘蔗、水果、菜蔬、药材、林木、鱼类等产品的生产都说明宋代农业的商品性生产已经达到了一定的高度。

(二)城乡消费

城市消费的发展是唐宋商品经济发展的一个重要方面。陈衍德先生在其《试论唐后期奢侈性消费的特点》一文中,也概述了城市消费四个方面的特点,即从消费品和消费服务的来源结构看,购自市场,得自交换的奢侈品,相对于自产自用的奢侈品,比重有所上升;社会化消费服务,相对于家内消费服务,比重也有上升;从消费活动的内容结构看,精神性消费相对于物质消费,比重有所上升;从消费活动性质的转化看,由公共消费转化而来的个体消费特别突出;从参与消费的人员和阶层的变动来看,虽然一些没落士族丧失了奢侈性消费的能力,但是有更多的庶族地主乃至附属地主阶层加入了奢侈性消费的行列。[23]吴晓亮教授认为,在城市中,生存性消费品的充裕和富足,精神及享乐性消费的多样化与大众化,发展性消费日益受到重视和社会化程度不断加深,其中又以各种消费的日益市场化为重要特征,反映出那一时代的变化。[24]可见,唐宋时期城市消费的主要特点就是消费内容的丰富性和消费渠道的市场化。唐宋城市消费的发展,促进了消费市场的形成,也为城乡经济交流奠定了基础。

就乡村消费而言,唐宋时期的农民,即占乡村居民绝大多数的自耕农、半自耕农以及佃农的消费,亦呈现出自身的一些特点,即消费需求呈现不断扩大之势。一方面,唐宋农民作为享受资料、发展资料的娱乐活动,特别是文化教育开支在农家消费中有所凸现,小儿学、镇学、书坊、瓦子戏剧演出等日愈昌达,农民往往送子女上学,以"识字粗堪供赋役"[25]。另一方面,用于鬼神迷信和红白喜事的耗费在农民消费中占居相当的比重,可说已经成为一种不必要的靡费。吴潜说:"寺观所在不同,湖南不如江西,江西不如两浙,两浙不如闽中。"[26]两浙温州"俚俗相扇、淫祀繁兴,……厥费无艺,岂实有余? 或典质而一缕无遗,或假贷而倍蓰出息"[27]。福建漳泉福兴"有习俗之弊,婚嫁丧祭,民务浮侈,……富者以豪侈相高,贫者侈其不逮,往往贸易举贷以办"[28]。一般说来,小农经济体中居于主导地位的是自给性消费,它并不构成消费需求。唐宋时期因小农家庭自身个体性综合型生产力的特点,政府赋役制度中货币征敛的加强,征榷的推行和扩大等原因,消费需求不断扩大,正所谓"小则具服器,大则营婚丧,公有赋役之令,私有称贷之责"[29]。

在中国传统社会里,如若根据消费品的存在形态来区分,消费品由以实物形式存在的消费品和以服务形式存在的消费品两个部分构成[30]。假如按消费的社会功能来划分,则消费资料由生存资料、享受资料和发展资料三部分组成。唐宋以前,人们对消费结构的认识还局限于"治生"和"送死"两个部分。[31]唐宋时期城乡消费结构发生了一定程度的变化,消费结构更趋丰富性和多元化,这在上文对城乡消费特点的论述中已有所涉及。概而言之,作为消费主体,庶族地主不断扩大奢侈性消费队伍,士族地主的一部分丧失了奢侈性消费能力;享受资料、发展资料在消费资料中的比重在城乡,尤其是城市中不断增大,精神性的享受资料比重有所上升;商品性消费比重日愈提高等等。关于这种变

化,宋人自己也有深刻感受:"唐人作富贵诗,多纪其奉养
器服之盛,贫眼所惊耳。如贯休《富贵诗》云:'刻成筝柱雁
相挨。'此下里鬶弹者皆有之,何足道哉! 又韦楚老《蚊
诗》:'十幅红绡围夜玉。'十幅红绡为帐,方不及四、五尺,
不知如何伸脚? 此所谓不曾近富家儿。"[32]值得注意的是,
在城市,经由市场的消费品中日用消费品量大大超越了前
代。在乡村,农村总体消费水平增长,奢侈性消费较为突
出,货币性消费也出现增长状况。[33]唐宋时期城乡消费的这
些新特点,决定了城乡经济之间彼此依存、相互作用、共同
发展的关系。

二、生产和消费与城乡关系

唐宋时期生产的发展和消费的繁荣,对城乡经济的交
流和融合产生了积极作用。就城市而言,由于城镇私营手
工业作坊迅猛兴起,城市的生产性功能开始凸显。城市民
营手工业的发展,一方面使城市不再是单一的商品消费中
心,也成为商品的生产中心,另一方面还促进了城乡经济关
系的发展。城市民营手工业生产的产品,除提供给城市居
民消费之外,也在一定程度上为农村地区提供了部分手工
业产品和加工业产品。如方回记载的嘉兴府魏塘镇,"佃
户携米或一斗、或五七三四升,至其肆,易香烛、纸马、油盐、
酱醯、浆粉、麸面、椒姜、药饵之属不一,皆以米准之。整日

得米数十石,每一百石舟运至杭、至秀、至南浔、至姑苏粜钱,复买物归售"。[34]农民手工业品主要来自城市手工业和专业市镇。正如有学者指出的那样,在城市手工业的兴盛的背景下,"以往传统的封建城市因其鲜明的消费性特征而形成由农村向城市的商品单向流通的格局趋于瓦解,代之而起的是城乡之间经济上的互相依赖,并通过商品的双向流通和市场活动成为一个紧密结合的统一体,从而有力地促进了乡村市镇在广大农村地区的广泛兴起"。[35]城市手工业的兴盛也促使一些农村家庭手工业朝专业化方向发展,不仅大量的农民开始进入到城市从事专门性的手工业工作,也促进了手工业专业市镇的兴起。城市手工业的聚集和兴盛,也使得手工业生产者需要从农村获得大量的原料。如"许大郎者,京师人,世以鬻面为业,然仅能自给。至此老颇留意经营,增磨坊三处,买驴三四十头,市麦于外邑,贪多务得,无时少缓"。[36]农村作为城市手工业的原料产地,与城市的物资交流日趋密切。

在城市的生产性功能加强的同时,唐宋时期,随着城市规模的扩大,城市的消费也呈现不断增长之势。在唐宋以前的城市当中,官府征调是城市消费的主要来源。唐宋以后,随着城市经济功能的逐渐突出,官府征调已经不是决定城市供销结构的唯一因素。郭正忠先生把宋代城市消费结构分为四类:政治城市消费是奢侈品为主;军事城堡消费以军需物资和日用品居多;综合型城市消费的奢侈品少于政治城市,而日用品相对增多;经济型城市消费品一般以日用百货为主,又以本镇市及其附近的土产较多。[37]尽管在以上四种类型的城市中,除经济型城市之外都存在依靠政府调拨来解决的消费品,但是城市对于市场流通的需要却是在增加的。唐宋城市规模扩大突出表现为城市人口的增加。唐人称长安人户多至百万,扬州、江陵、苏州、成都、太原、汴州等主要城市的人口也均在 10 万户上下。北宋东京内外城面积虽较唐长安城为小,但北宋东京最盛时有 13.7 万户、150 万人左右。南宋咸淳年间,临安城内外约有一百二三十万人。除了都城之外,宋代路一级所在地的州府治所,南方除广州、扬州都在 5 万户以上,北方一般在 5 万户以下,而位于农业和交通条件较好的区域的其他府州治所人口在 1—2 万户上下。[38]

大量的城市人口势必需要大量农副产品的供给,粮食、蔬菜、肉类、水产品成为了城市需求量较大的大宗消费品。以粮食需求为例,政和年间,曾为宰相的张商英就提到:"老夫行年七十有四,日阅佛书四五卷,早晚食米一升,面五两,肉八两,鱼酒佐之,以此为常。"[39]范仲淹在苏州所办的义庄提供的生活标准也是"人日食米一升,岁衣丝一匹"。[40]王柏也曾记载:"某虽无用于世,七十六年,吃了二百七八十石米,可谓古今之幸民。"[41]将王柏一生加以计算,每天需1升米左右。方回在论述江南地区一般农民生活时也说:"五口之家,人日食一升,一年食十八石。"[42]因此,宋代家庭每人每天的粮食消耗量约为1升。若以此计算,南宋临安人口最盛时每天所需要粮食就达1.3万石左右。如此巨大的消费,仅靠漕运粮食是无法解决的,只能求诸于市场的商品粮供应。周密说,杭州"仰粜而食者,凡十六七万人"。[43]孟元老也记载:"杭州人烟稠密,城内外不下数十万户,百十万口。每日街市食米,除府第、官舍、宅舍、富室,及诸司有该俸人外,细民所食,每日城内外不下一二千余石,皆需之铺家。"[44]正是在城市对农村剩余粮食的需求和依赖之下,南宋已经形成了由农村到城市的粮食流通网络。例如,嘉兴府魏塘镇的米商通过收购农民粮食,"每一百石舟运至杭、至秀、至南浔、至姑苏巢钱",[45]通过商人的力量,农村剩余粮食源源不断的从各地农村运入临安,孟元老记载:"然本州所赖苏、湖、常、秀、淮、广等处客米到来,湖州市米市桥、黑桥,俱是米行,接客出巢。……又有新开门外草桥下南街,亦开米市三四十家,接客打发,分俵铺家。及诸山乡客贩卖,与街市铺户,大有径庭。杭城常愿米船纷纷而来,早夜不绝可也。"建康也是如此,据知府余嵘所称:"此邦虽名为繁庶,而民生最艰,素无藏盖,日食所须,仰给商贩,米舟一日不至,米价即倍腾踊。"[46]这是庞大城市消费需求下,城乡物资交流的一个缩影。

在农村,农业劳动生产率和粮食剩余率的提高,一方面保证了城镇和工商业人口的粮食供应,促进了城乡商品流通,另一方面也促使农民腾出更多的耕地以从事桑麻、茶叶、甘蔗、果树、蔬菜、药材、花卉等经济作物的种植,促进了乡村经济社会结构的调整和乡村经济市场化。在此趋势下,唐宋时期农村生产的商品性显著加强,乡村出现了从事各种专门性商品生产的“专业户”。所谓乡村专业户,就是以交换为目的而从事某项产品的生产或加工的农村人户。唐代,在经济较为发达的江南地区,已经开始有农民从事专业化的副业商品生产,但仅限于个别地区和生产领域。乡村专业户大量出现于两宋时期,频繁地出现在各种文献的茶园户、橘园户、花户、药户、漆户、糖霜户、水碾户、磨户、焙户、乡村酒户、机户、绫户、香户、蟹户等等,就是最好的例子。商品性农业完全面向市场,其中很大一部分就是直接面向城市需求来进行的。在这里,我们以茶叶生产为例,对商品性农业对于城乡经济关系的影响作简要分析。

唐代茶叶的商品性生产自唐中期以后异军突起,茶叶产量的巨大、茶叶名品不断涌现,茶叶贸易的繁荣,茶叶逐渐成为了全国范围内的大宗商品。入宋以来,茶叶的种植和生产更为普遍和大规模,远非唐代可比。特别是南方各地都普遍种茶,“夫南国土疆,山泽连接,远民习俗,多事茶园,上则供亿赋税,下则存活妻子,营生取给,更绝他门”。[47]

宋景德元年(1004年),官府的茶课收入就达569万贯[48],是唐代的14倍还多。一方面,正如傅筑夫先生说:唐宋时期"茶是农业中首先发展起来的商品,茶的种植成为一种专门化的农业生产,茶的焙制成为一种农产品加工,是农业中唯一的一种专门化的商品生产。"[49]茶叶的种植的生产,带动和促进了农村经济结构的调整,提高了农村的商品化和市场化程度,使过去联系较为薄弱的城乡关系一改旧况,变得日益紧密,促进了城乡经济联系。另一方面,茶叶的生产流通,在全国形成了一个庞大的茶叶流通市场。产于南方山区茶叶,通过草市、墟市运往南方城市和水路要塞,然后由商人转运至北方中心城市再销往各地,茶叶的运销沟通了城乡市场,形成了一个连接城乡的市场网络,导致城乡关系出现了新的面貌。[50]

唐宋以来,农村总体消费水平有一定的提高,作为享受资料、发展资料的娱乐活动,特别是文化教育开支在农家消费中有所凸现,而用于婚嫁、丧葬、生子等等红白喜事的社会性消费的奢侈铺张之风突出。一般说来,小农经济体中居于主导地位的是自给性消费,它并不构成消费需求。但在农村经济商品化之下,唐宋时期,农村消费也出现了新的趋势,表现为农户的货币性消费增加。唐宋以前,除了盐等有生产条件限制的消费品外,其他几乎所有的消费品靠自我生产来满足。进入唐宋,由于农业生产中精耕细作的深化和多种经营的展开,农户投入土地的生产要素和生产时间增加,细小经济体内无法完成全部自给,仰给于市场者增多。两税法之后,赋税征收由实物向货币转化,无形中增加了农户的货币需求。在此情况下,广大农民常常出售自己生产的农副产品,以购买家庭需要的手工业品或其他农产品,"小则具服器,大则营昏(婚)丧"[51],甚至佃户也"携米或一斗,或五七三四升,至其肆,易香烛、纸马、油盐、酱醯、浆粉、麸面、椒姜、药饵之属不一"。[52]张方平记载:"彼穷乡荒野下户细民,冬正节腊,荷薪刍入城市,往来数十里,得五、七十钱。"[53]朱熹也说:"近城乡民,全藉将些小系税之物,入城货卖,办粜口食。"[54]在这一过程中,城市充当了农民重要生产资料和生活资料的供应地,这些农民自己通过与城市市场的交换,满足生产资料和生活资料等各类货币性消费,沟通了农户与城乡市场的联系,在一定程度上增强了城乡之间的经济联系。

第二节　城乡经济的交换关系

　　基于城乡经济的相互依存和联系,城市与乡村之间产生了多种交换。交换是古今城乡之间的第一种联系方式,在古代它显得单调而不明朗。但不论怎样,它促进了产品的商品化和劳动的专业化,并使"原来独立的东西丧失了独立",使"原来非独立的东西获得了独立"。[55]进而促进了生产力的发展和社会的进步。

交换是连接生产和消费的桥梁。在生产和消费关系的影响下,唐宋城乡交换关系也获得迅速发展。城乡之间一改过去由农村向城市的商品单向流通局面,出现了城乡商品双向流通,城乡商品交换关系更为密切的格局。

一、城乡交换的内容

从城乡商品交流的种类上看,唐代农村向城市输入的以农产品为主,其中粮食和茶叶是城乡商品流通中的大宗。以茶叶为例,唐代一般年份的茶叶贸易总值为400万—500万贯,最高年份达800万贯左右。[56]宋代,东南和四川两大茶产区投入市场的商品茶叶总量在5600万—6200万斤之间。[57]茶叶产于山区,但茶叶的消费市场主要是那些远离山区的城市,市场上流通茶叶都是由山区农村流向城市。城市生活必需的各种农副产品更是如此,正如南宋袁燮说,城市居民日常消费的"米、麦、薪、炭、醝、茗之属,民间日用所须者,悉资客贩"。[58]农民从城市市场购买的商品则以生产资料为主。唐代天宝二年交河郡市估案有专门经营蔬菜种子的"菜子行",其经营的种子种类有蔓菁、萝卜、葱、荏、兰香、韭等,其购买者主要是近郊农民,此外用作肥料的粪以及钢镰、锄、斧、小锯等生产工具都主要供给农民消费。[59]苏辙也记载农民在成都蚕市购买生产资料的情景："倾囷计口卖余粟，买箔还家待种生。不惟箱筐供妇女，亦有鉏鎛资男耕。"[60]需要注意的是，南宋方回记载的魏塘镇佃户从城市市场获得商品种类有香烛、纸马、油盐、酱醯、浆粉、麸面、椒姜、药饵等，不仅有手工业品，还有农副产品。列宁说："日益专业化的种种农业区域（和农业系统），不仅引起农产品和工业品之间的交换，而且也引起各种农产品之间的交换。"[61]这说明，在商品性农业的促动下，部分农民的生活资料也需要依靠城市市场供给。

　　从城乡商品流动的方向上看，城乡之间形成了一种双向的商品流通关系。来自农村的粮食、布帛等产品通过墟市、镇市向城市集中，形成了商品流通中的"求心"运动。[62]与此同时，城市市场也为农村居民提供了日常的生产资料和生活资料。根据天宝二年交河郡市估案断片的记载，池田温先生在《中国古代物价初探——关于天宝二年交河郡市估案断片》一文中考证，"农民的私人经济中，购买种子、肥料和出售农产品已成为日常生活的一部分。这种情况还不仅仅限于农业……畜牧业（不一定脱离农业）也同样和市场紧密联系在一起。从都会市场上购买物资和出售产品业已成为交河郡农业、畜牧业等第一产业不可缺少的一部分。换言之，农牧业已经突破了小规模自给自足经济的框框，成为大规模流通经济的一个组成部分。在这里，市场已不单是居住在郡城的官人、僧侣、商人和工人买卖消费物质资料的场所,它发挥了对全体城市居民都至关重要的流通机能"。[63]南宋末期,方回记载嘉兴府魏塘镇,佃户将自己生产的剩余粮食与商人交易日用等商品,商人积粮成多,将来自农村的剩余粮食运往城市销售,最后从城市"复买物归售"。[64]在市镇和商人的作用下,城乡之间的商品流通显然是双向的。

　　需要说明的是,尽管唐宋城市的生产功能得到了发展,有学者也认为宋代城市已经成为了"集商品生产与消费于一体的经济中心",[65]但是由于城乡经济发展水平和产业特点的制约,城市向农村流通的商品是有限的,城乡之间商品流通的规模有很大不同。从宋代商品供给结构空间来看,宋代80%的贸易在县、镇等农村市场完成,广大农村无疑是宋代商品供给的主要来源地,而商品具有从农村流向城市的空间流动特征,[66]乡村流向城市的商品在数量和规模上都居于优势,而城市流向农村的商品体现的更多是城市的集散功能,而非生产功能。宋人说"城郭财有余则百货有所售,乡村力有余则百货无所乏",[67]乡村产品以商品的方式流向城市,城市用货币交换农村的商品,但是由于农产品交换中官府、商人对生产者的剥削,货币非但没有以等价的形式流入农村,反而又以各种途径向城市回流。正因为城乡交换中存在不公平性,所以,城乡经济表面上是货币与商品的交换关系,但货币在城乡间的流通实际上是城市对乡村的剥削,是剥削关系的体现。[68]尽管如此,城乡间的商品流通和交换对城乡经济关系仍旧具有重要的意义,正如李晓指出的那样:"城市和乡村之间的这种双向的商品流通,使双方建立起了密切的商品交换关系,通过商品货币经济的纽带,城市和乡村结成了一个经济的统一体,在一定程度上出现了城乡一体化的趋势。"[69]

二、城乡市场的形成

作为商品买卖行为与交换关系总汇的市场,乃是城乡经济联系的重要渠道。唐宋以前,城乡市场不甚发达。斯波义信认为,唐代以前"既没有进入地方贸易体系中的周期性集市,也没有发达的远距离贸易进入农民社会的生存空间"。[70]唐宋以来,伴随着市场体系不断完善,城乡市场获得了巨大的发展,城乡市场体系初步形成。城乡市场体系的形成,使得过去对立、分割的城乡市场最终实现了交流与互动,最终出现了"城郭、乡村之民交相生养,城郭财有余则百货有所售,乡村力有余则百货无所乏","城郭之人日夜经营不息,流通财货,以售百物,以养乡村"的局面,[71]城乡经济关系的发展掀开了新的篇章。

从纵向上看,联接城乡的市场等级体系已经形成。唐宋以前,乡村的剩余产品主要通过租税的形式而非市场的渠道进入城市,城乡之间通过市场渠道而形成的经济联系较为薄弱。晚唐以来,农村市场逐渐发育起来,市镇的发展为城乡间的经济联系充当了良好的媒介。晚唐时期,西川、华北、江淮等地草市迅速成长。四川建德草市,"百货咸集,蠢类莫遗;旗亭旅舍,翼张鳞次;榆杨相接,桑麻渐繁"。[72]江淮地区草市发展迅速,为数众多。在苏州的乡村,"灯火穿村市,星歌上驿楼。何言五十里,已不属苏州"。[73]杜牧《上李太尉论江贼书》记述:"凡江淮草市,尽近水际,富室大户,多居其间。"[74]这些"富室大户"多为富有的商贾、手工业者和与商业交换有不同联系的土豪。唐代,由于草市发展有限,除了经济较为发达的地区,农民还亲自入城销售产品,例如灵池县村民"将豆麦入城货卖,收市盐酪"。[75]洪州胡氏原来家贫,后因勤于农桑而致富,令其子"主船载麦,溯流诣州市出售"。[76]宋代,农村市场更为发达,根据《宋会要》统计,熙宁十年,北宋政府设置税务进行征商的乡村市场(仅指津、渡、步、店、市、墟者)达611个,最多的广南东路为65个,两浙路为56个;据《永乐大典》相关数据统计,北宋熙宁九年四京及23路乡村市场达2万多个,分布最多的河北东路达2375个。[77]镇市已经成为乡村居民的商业聚集地,工商业较为活跃,且分布具有了一定密度,京东东路、两浙路等一些地方,还出现了商税收入额在1万贯以上的大型市镇。

在农村市场发展的同时,城市市场也发展起来,城市成为商品流通的中心。郭正忠先生对熙宁十年的商税额就行了考订,得出商税收入在 1 至 3 万贯的城市有 99 个,在 3 万贯以上的城市有 28 个,这 127 个城市的商税额占到全国商税总额的 42%。[78]这说明中心城市吸纳了大部分城乡商品,是大部分商品交换的场所。另外,从宋代在城市所征收的"门税"来看,门税征收细目繁多,包括了牛、蒲、鱼、果、竹木、炭、柴草、衣履、谷菽、瓷瓦、香药、盐、茶、金银、宝货等,[79]而且商品出城、入城均需征税,这说明在城市不再是单一的商品的消费场所,也是商品的集散地。城市市场的发展增强了城市经济对乡村的辐射作用,在城市的辐射带动作用下,在城市的周围大量市镇兴起,城市的郊区也得以发展起来。

在乡村市场和城市市场发展基础上,宋代形成了村落小市场—县镇市场—中心市场这样的"以州府城市、县镇、草市各级中心地为序列的'中心市场'等级网络"。[80]在城乡市场体系中,草市广泛分布于村落之间,它将较为分散的农村贸易活动集中起来,发挥着初级市场的作用。镇级市场作为农村商业的中心地,以密集分布的集市为基础,成为沟通城乡市场联系的重要集散地。州府中心市场是大规模商品的集散中心,进一步构成了地方区域市场。

从横向上看,形成了涵盖城乡的市场流通圈。据斯波义信的研究,南宋时期的杭州已经形成了三个层次的市场圈。第一层次市场圈这是由杭州及其直属郊区组成的通商圈。第二层次市场圈这是以杭州为中心的小范围腹地构成的商圈,是为满足杭州150万人口日常生活需要的直供商品和储备物资而形成的中距离商业运输圈。米谷、薪炭燃料、油脂、鱼肉、鲜活食品、工业原料、建筑材料、茶、盐等来自这一商圈而集聚于杭州,圈内的各种特产相互在地域内按行当分设营销设施。第三层次市场圈即以杭州为中心的最大腹地构成的远距离商业运输圈。[81]不仅杭州,宋代各个城市都存在这样覆盖城乡的市场圈。在市场圈内,通过城市消费的拉动以及城市的经济辐射功能,城乡的经济联系进一步密切。

三、商人群体与城乡交换

唐宋时期,尽管仍旧有乡村农户和手工业者到城市出卖商品,如《夷坚志》载:"董国庆……宣和六年登进士第,调莱州胶水县主簿……中原陷,不得归,弃官走村落。……(其妾)性慧解,有姿色,见董贫,则以治生为己任。罄家所有,买磨驴七八头,麦数十斛,每得面,自骑驴入城鬻之,至晚负钱以归,率数日一出。如是三年,获利愈益多,有田宅矣。"[82]再如前引朱熹的记载:"近城乡民,全藉将些小系税之物,入城货卖,办籴口食。"[83]但是,这种自发性的贸易活动规模小、较分散,并不能代表唐宋城乡经济交换的水平。在城乡商品流通中,唐宋商人发挥了关键作用。

　　法国汉学家谢和耐先生指出,在唐宋社会中,商人群体是一个新兴的社会阶层:"从 11 至 13 世纪,由于新的势力在起作用,中国社会的总体结构遂渐生变化。在上层精英和民众集团之间,一个极不相同又极其活跃的阶层出现了,并开始占据愈益重要的地位。这个阶层就是商人。"[84]唐宋商人阶层的崛起是商品经济发展的必然结果,而商人群体在社会中的经营活动又反过来对唐宋社会再生产产生了深远影响。宋人曾经指出:"人家有钱本,多是停塌、解质,舟舡往来兴贩,岂肯闲著钱买金在家顿放?"[85]正如李埏先生所言,"商业资本的天赋本性是喜动不喜静;它的化身铜钱是最不甘寂寞的,它要在川流不息的流通过程中增殖自己。"[86]在商人的作用下,大量商业资本往来于城市乡村,沟通了生产与市场的联系,成为城乡商品交换的媒介,密切了城乡经济联系。唐宋时期,商人中不仅分化出了从事远距离贩运的"行商"和进行固定经营的"坐贾",而且分化出了专门从事商业经纪活动的"牙人"以及从事产品预购的"包买商"。

　　"行商"主要从事长途贩运,他们走乡串户,收购各种农副产品再运至他处贩卖,是城乡商品交换的重要媒介。方回记载的秀州魏塘镇,"佃户携米或一斗、或五七三四升，至其肆，易香烛、纸马、油盐、酱醯、浆粉、麸面、椒姜、药饵之属不一。（商人）皆以米准之，整日得米数十石。每一百石，舟运至杭、至秀、至南浔、至姑苏粜钱，复买物归售”。[87]行商如此，城市内外的铺户有时亦能沟通起城市与乡村、生产与市场之间的联系。北宋末，荆湖南北路产茶州县的“在城铺户居民，多在城外置买些地土，种植茶株，自造茶货。更无引目，收私茶相兼转搬入城，与里外铺户私相交易，或自开张铺席，影带出卖”。[88]城市铺户在城外置地种茶，与城市内外商铺相串通买卖茶叶，这种商业资本与土地结合，向生产环节渗透的经营活动在一定程度上促进了城乡交换的发展。

牙人又称牙侩、牙郎等，是古代商业活动中从事居间经营的经纪人。唐宋时期，牙人在城乡市场中日益活跃，特别是在城乡商品交换中发挥了重要的作用。北宋时期“乡庄人户般载到柴草入城货卖不少，多被在京官私牙人出城接买”[89]；南宋时期“诸县乡村人户搬米入市出粜，多被米牙人兜揽，拘截在店，入水拌和，增抬价值，用小升斗出粜，赢落厚利。”[90]在南方一些地区，“乡落细民步担入市，坐于牙侩之门而市之”。[91]日本学者宫泽知之认为，城市和农村必须以某种媒介结合，从而将农村的个体而不规则的生产和售卖变成城市市场所要求的大量而规则的流通，这一媒介就是牙人，“和担负着城乡流通的草市的发展以加密商品流通网一样,牙人经纪也发挥了有机联系城乡的历史作用"。[92]此外还有包买商,包买商是指包购兜售产品的商人,如抚州民陈泰,"以贩布起家。每岁辄出捐本钱,贷崇仁、乐安、金溪诸绩户,达于吉之属邑,各有驵主其事。至六月,自往敛索,率暮秋乃归,如是久矣"。[93]他们与商业借贷资本相联系,足迹遍及织布业、丝绵业、矿冶业以及茶园、果园中,对此下文还将进行论述。

当然,商人在城乡交换中的作用也不是全然积极的。宋代,农民进城售卖物品就常常受到商人的干扰。北宋宣和四年,"有司奏请:其四方商旅村户,时暂将物色入市货卖,许与买人从便交易,行户不得障固"。[94]南宋的一道判词也记载:"所在城市,取鬻之利,尽为游手所专,而田里小民皆不得著手。……此曹百十为群,互相党庇,遇有乡民鬻物于市,才不经由其手,则群起而攻之。"[95]绍兴二十六年七月,户部尚书兼权知临安府韩仲通上奏称:"居民日用蔬菜果实之类,近因牙侩陈献置团拘卖,克除牙钱太多,致细民难于买卖。"[96]可见,由于牙人控制着市场,并且向小农收取牙钱,致使乡村小农和城市消费者的利益都受到损害。尽管如此,商人的活动,沟通了城乡之间市场的联系,促进了城乡交换的发展。唐宋时期城乡多层次、递进式、网络状市场体系的形成,对于社会总产品实现过程具有极其重大的意义。马克思曾明确指出:"每一种商品都只能在流通中实现它的价值;……这取决于当时市场的状况。"[97]豪商巨贾的大量涌现,成为瓦解古典城市坊市封闭结构的主要力量,诚如恩格斯所说:"商人对于以前一切都停滞不变,可以说由于世袭而停滞不变的社会来说,是一个革命的要素。"[98]哪里有商人,哪里的变革就开始了;哪里的商人势力越强大,哪里的变革就越强烈,城乡之间、手工业品与农产品之间的交换就越频繁。

注　释

1　《马克思恩格斯全集》第 23 卷,人民出版社 1972 年,第 621 页。

2　马克思:《剩余价值理论》,第 2 册,人民出版社 1975 年,第 56 页。

3　12　宁可主编:《中国经济通史·隋唐五代》,经济日报出版社 2007 年,第 253、27 页。

4　曾毅公:《房山石刻中所存的重要史料》,《文物》1959 年第 9 期。

5　孟元老:《东京梦华录》卷 3《大内前州桥东街巷》。

6　葛金芳:《从南宋手工业看江南早期工业化进程的启动》,何忠礼主编《南宋史及南宋都城临安研究》,人民出版社 2009 年。

7　周密:《武林旧事》卷 6《作坊》。

8　《文献通考》卷 3《田赋三》。

9　蒙文通:《中国古代农产量的扩大和赋授制度及学术思想的变化》,《四川大学学报》1957 年第 2 期。

10　有关唐代亩产量的估计,可参见蒙文通:《中国历代农产品的扩大和赋役制度及学术思想的变化》,《四川大学学报》1957 年第 2 期;胡戟:《唐代粮食亩产量——唐代农业经济述论之一》,《西北大学学报》1980 年第 3 期;郑学檬:《简明中国经济通史》,人民出版社 2005 年,第 207 页,等。

11　漆侠:《中国经济通史·宋代经济卷》上册,经济日报出版社 1999 年,第 150—154 页。

13　毕道村:《从西欧农奴个人力量的双重性看农民动力说》,《世界历史》1992 年第 6 期。

14　郭正忠:《两宋城乡商品货币经济考略》,经济管理出版社 1997 年,第 18 页。

15　《资治通鉴》卷 238,元和六年五月。

16　《太平广记》卷 374《胡氏子》。

17　叶适:《水心集》卷 1《上宁宗皇帝札子》。

18　周去非:《岭外代答》卷 4《常平》。

19　《太平广记》卷 31《李钰》。

20　《太平广记》卷 243《江淮贾人》。

21　李伯重:《唐代江南农业的发展》,北京大学出版社 2009 年,第 139 页。

22　参见郭正忠:《两宋城乡商品货币经济考略》,经济管理出版社 1997 年,第 6 页。

23　参见陈衍德:《试论唐后期奢侈性消费的特点》,《中国社会经济史研究》1990 年第 1 期。

24　吴晓亮:《从城市生活变化看唐宋社会的消费变迁》,《中国经济史研究》2005 年第 4 期。

25　《剑南诗稿》卷 1《观儿童戏溪上》。

26　《许国公奏议》卷 2《奏论计亩官会一贯有九害》。

27　《漫塘文集》卷 18《劝尊天敬神文》。

28　《高峰文集》卷 5《漳州到任条具民间利病五事奏状》。

29　《直讲李先生文集》卷 16《富国策第六》。

30　参见《马克思恩格斯全集》第 26 卷,第 160 页。

31　参见《荀子·礼论第十九》。

32　《梦溪笔谈》卷 14《艺文一》。

33　参见吴晓亮:《略论宋代城市消费》,《思想战线》1999 年第 5 期。

34　武建国、张锦鹏:《从唐宋农村投资消费结构新特点看乡村社会变迁》,《中国经济史研究》2008 年第 1 期。

35　吴自牧:《梦粱录》卷 16《米铺》。

36　陈国灿、奚建华:《浙江古代城镇史研究》,安徽大学出版社 2000 年,第 317 页。

37　《夷坚支志》戊集卷七《许大郎》。

38　郭正忠：《两宋城乡商品货币经济考略》，经济管理出版社 1997 年，第 104 页。

39　吴松弟：《中国人口史》，第 3 卷，第十三章，复旦大学出版社 2000 年。

40　洪迈：《容斋随笔》卷 2《张天觉小简》。

41　王辟之：《渑水燕谈录》卷 4《忠孝》。

42　王柏：《鲁斋集》卷 17《回陈樵翁》。

43　方回：《续古今考》卷 18《附论班固计井田百亩岁人岁出》。

44　周密：《癸辛杂识续集》卷上。

45　吴自牧：《梦粱录》卷 16《米铺》。

46　方回：《续古今考》卷 18《附论班固计井田百亩岁人岁出》。

47　《景定建康志》卷 23《诸仓》。

48　章如愚：《山堂群书考索·后集》卷 57《茶盐类》。

49　《续资治通鉴长编》卷 66，景德四年八月己酉条。

50　傅筑夫：《中国封建经济史》第 5 卷，人民出版社 1989 年，第 563 页。

51　林文勋：《唐代茶叶产销的地域结构及其对全国经济联系的影响》，李孝聪主编《地域结构与运作空间》，上海辞书出版社 2003 年。

52　李觏：《盱江集》卷 16《富国策第六》。

53　方回：《续古今考》卷 18《附论班固计井田百亩岁入岁出》。

54　张方平：《乐全集》卷 26《论率钱募役事》。

55　朱熹：《晦庵别集》卷 6《晓示乡民物货减饶市税》。

56　《资本论》第 1 卷，人民出版社 1966 年，第 390 页。

57　林文勋：《唐代茶叶产销的地域结构及其对全国经济联系的影响》，李孝聪主编《地域结构与运作空间》，上海辞书出版社 2003 年。

58　67　张锦鹏：《宋代商品供给研究》，云南大学出版社 2003 年，第 140、141 页。

59　袁燮：《絜斋集》卷 13《龙图阁学士通奉大夫尚书黄公行状》。

60　池田温著，龚泽铣译：《中国古代籍帐研究·录文》，中华书局 2007 年，第 308、309 页。

61　苏辙：《栾城集》卷 1《蚕市》。

62　《列宁选集》第 1 卷,人民出版社 1995 年,第 165 页。

63　漆侠:《宋代经济史》,中华书局 2009 年,第 1000 页。

64　池田温:《中国古代物价初探——关于天宝二年交河郡市估案断片》,载池田温《唐研究论文集》。中国社会科学出版社 1999 年,第 160 页。

65　吴自牧:《梦粱录》卷 16《米铺》。

66　陈国灿:《中国古代江南城市化研究》,中华书局 2010 年,第 137 页。

68　72　《续资治通鉴长编》卷 394,元祐二年正月辛巳。

69　高聪明:《宋代货币与货币流通研究》第二辑,河北大学出版社 2000 年,第 310、311 页。

70　李晓:《宋代工商业经济与政府干预研究》,中国青年出版社 2000 年,第 104 页。

71　Yoshinobu Shiba(斯波义信):*Urbanization and Development of Market in the Lower Yangtze Valley*. See *Crisis and Prosperity in Sung China*. J. W. eds. P41.

73　《文苑英华》卷 808《彭州唐昌县建德草市歇马亭镇并天五院记》。

74　《白香山集》卷 54《望亭驿酬别周判官》。

75　杜牧:《樊川文集》卷 11《上李太尉论江贼书》。

76　黄休复:《茅亭客话》卷 8《女子画虎》。

77　《太平广记》卷 374《胡氏子》。

78　李景寿:《宋代商税问题研究》,云南大学出版社 2005 年,第 194、209 页。

79　郭正忠:《两宋城乡商品货币经济考略》,经济管理出版社 1997 年,第 233 页。

80　刘森:《宋代"门税"初探》,《中国史研究》1988 年第 1 期。

81　龙登高:《宋代东南市场研究》,《宋代城乡市场等级网络分析——以东南四路为例》,《宋代经济史研究》,云南大学出版社 1994 年,第 225 页。

82　斯波义信:《宋代江南经济史研究》,第 336—342 页。

83　《夷坚乙志》卷 1《侠妇人》。

84　朱熹:《晦庵别集》卷 6《晓示乡民物货减饶市税》。

85　[法]谢和耐著,刘东译:《蒙元入侵前夜的中国日常生活》,江苏人民出版社 1998 年,第 37 页。

86　《三朝北盟会编》卷 29,靖康元年正月八日。

87　李埏:《从钱帛兼行到钱楮并用》,载《中国封建经济史论集》,云南教育出版社 1987

年,第 264 页。

88　方回:《古今考·续考》卷 18《附论班固计井田百亩岁入岁出》。

89　《宋会要辑稿·食货》32 之 12。

90　《宋会要辑稿·食货》37 之 12。

91　朱熹《晦庵别集》卷 6《约束米牙不得兜揽搬米入市等事》。

92　王炎:《双溪类稿》卷 21《上赵帅》。

93　宫泽知之:《宋代的牙人》,《中国史研究动态》1982 年第 7 期。

94　洪迈《夷坚志》卷 5《陈泰冤梦》。

95　《宋会要辑稿》职官 27 之 24。

96　《名公书判清明集》卷 14。

97　《建炎以来系年要录》卷 173,绍兴二十六年七月辛亥。

98　99　《资本论》第 3 卷,人民出版社 1975 年,第 720、1019 页。

第四章 唐宋时期的城乡生产
要素及其变动

按现代经济学的观点,生产要素是指进行社会生产经营活动中所必须具备的各种因素或条件,包括劳动力、土地、资本、技术、信息等,它们有时也被称为"生产资源"。"资源"一词,概指任何有助于促进某种利益的实现,并且被特定社会里的人群相互竞逐的东西,包括物质的和非物质的两大类,如财富、知识、技能等等。在传统社会经济中,不仅广泛地存在着商品交换,而且存在着土地交易、雇佣劳动以及借贷关系。

唐宋时期,中国发生了"市场结构的革命"[1]。在社会经济中,市场配置资源的作用日益明显,尤其是在经济与市场发展程度较高的一些地区,生产要素市场都有不同程度的发育。从城乡之间生产要素流动关系来看,本章着重考察唐宋时期农业劳动力的转移、城乡资本流动等问题。

第一节　唐宋时期农业劳动力的转移

人口的再生产与流动,是社会生产力不断发展的两个必要条件,前者一般称为"人口的自然变动",后者称为"人口的机械变动",二者不断塑造着世界人口地理和区域人口地理的面貌,使其处于永恒的运动之中。[2]史实一再表明,没有"种的繁衍",即人口达到一定数量,社会生产就无法进行;而没有人口的合理流动,社会生产就难以向纵深发展。

人口的流动,一般有两层涵义:一是指人的聚居位置在空间上的移动,二是职业的流动。当然,每一种流动都可能兼具上述两种情况。可以说,人口流动同人口再生产一样,作为一种连续不断的社会现象,从远古至今日一直存在着,其足迹几乎遍及大江南北、黄河上下。[3]迟至唐宋时期,特别是唐中叶以前,我国历史上的人口流动不外乎这样几种类型:第一、基于不同地区的人口和生活资料在数量上的不平衡而导致的流动,这种流动在各个历史时期均贯穿始终;第二、频繁的民族战争和各种内战导致的流亡式迁移,这种流动持续的时间往往不是太长,但作用强度惊人;第三、因政治中心的转移,由国家统一策划、统一组织的"政府移民运动";第四、政治上的流放;第五、自然灾害构致的逃亡。

后三种人口流动规模相对较小,影响也是局部的。[4]

　　分析上述各种类型的人口流动,我们会发现,这些流动都出于当事人的意愿之外。唐中叶以后,尤其是两宋时期,人口流动(特别是农村人口流动)悄悄地出现了一种新动向。这个动向,无论是在流向上,还是职业的选择上,都与以往迥异。它们既不像暴力下的强迫性人口流动,或从甲地农村流向乙地农村,或从内地农村流向边区农村;也不是始则逃亡,继则又重操旧业,还乡种植粮食作物。而是纷纷有目的地自农村流入城镇,甚至弃农"迁业"。这是人口流动,特别是农村人口流动中最具变革性意义的深层次流动。

一、流入城镇:唐宋农村人口的空间流动

　　隋唐以前,农村人口流入城市做工经商的事例不是很多,这是与当时的生产力发展水平以及商品经济的发展程度密切相关的。

　　唐代以来,随着城市工商业的日渐繁盛,城市人口有了大幅度的增加。唐人笔下的长安人户致有百万人之多,如韩愈曾有诗云"长安百万家",又云"今京师之人不啻百万"[5]。长安以外,一些城市的户数都在 10 万户上下,据冻国栋先生的抽样估计,除长安人户达到百万,江陵人户数在30 万之外,苏州、成都、洪州、宋州、魏州、蒲州的人户数都在 10 万户左右。[6] 到宋代,随着城市化的发展,人口规模也

出现了急剧增长。据吴松弟估计,北宋东京最盛时有13.7万户,150万人左右;南宋咸淳年间临安城内外约有一百二三十万人;一般城市中,南方路一级所在地的府州治所,大都在5万户以上,北方相对较少,多在5万户以下,位于农业和交通条件较好的区域的其他府州治所人口可能在一二万户。作为农村商业中心和人口聚集点的市镇也有了相当大的发展。[7]城市人口的增长固然有城市规模的扩大以及人口的自然增长等多方面的原因,但一个不争的事实是,农村人口向城市的流动,始终是唐宋时期城市人口增长的一个重要因素。以宋代徽州州城户口为例,乾道八年(1172),有户1931、口10139;嘉定十年(1217),有户2237、口9848;宝庆三年(1227)有户3887、口17702。从乾道八年到宝庆三年的55年中,州城户数的年平均增长率达12.8‰,而同一时期徽州地区户数的平均增长率仅为0.4‰。再如汀州的人口,由南宋初的5285户,增加到了宝祐年间的73140户,增加了13倍,而从隆兴二年到宝祐六年汀州户数的年平均增长率为3‰。[8]其他城市也有这样的情况。城市户口的增长速度高于地区平均增长率,这说明农村人口有向城市急剧流动的明显迹象。

　　唐宋以来,农村人口向城市流动的现象,还可从大量的史籍记载中找到例证。宋敏求《长安志》卷10"西市条"注云:"隶太府寺。市内店肆如东市之制。长安县所领四万余户,比万年为多,浮寄流寓不可胜计。"[9]唐德宗时,判度支苏弁也说:"京师游手堕业者数千万家,无土著生业"。[10]这里的"浮寄流寓"人户和"游手堕业者"大部分就是从农村流入的人口。到宋代,农村人口流向城市的记载更为繁多。宋仁宗景祐二年(1035),朝廷发布诏令,"诏京东西、陕西、河北、河东、淮南六路转运使检察州县,毋得举户鬻产徙京师以避徭役,其分遣族人徙他处者,仍留旧籍等第,即贫下户听之"。[11]这条资料显然是说这六路地区的大量农民向城市迁移,致使宋廷在农村的赋役征发方面遇到了困难。当然,在北宋,乡村人口向城市的迁移,绝不仅仅局限于上述六路地区,农村人口转移的目的地也不仅仅只是汴京,各个地区都应该存在农村人口向城镇以及中心城市迁移的情况。再如南宋时的建康,曾为"留都之地,四方失所流徙之民,往往多聚于此,皆无作业"[12]。农村人口向城市的流动已经成为唐宋人口发展中的重要现象。

值得注意的是,宋代的市镇人口已列入城市人口。王曾瑜先生认为,宋朝的坊郭户相应于城市的发展状况,不以州县城内的居民为限,也包括了草市和镇、市的居民。县城居民称"县坊郭",镇的居民称"镇坊郭",故宋人有时将各类坊郭户合称为"州府县镇城郭等第户";按照南宋的法规《庆元条法事类》卷48《科敷》条,凡"镇、寨、城、市"的居民都属坊郭户。[13]宋代市镇有了较大的发展,据统计,宋代的市镇,包括设税场务及未设税场务两类,估计有5000多个。[14]经济发达的东南地区更是如此,截至熙丰年间,两浙,江南东、西,淮南东、西五路大约有365处。[15]按照宋代设镇的标准,定居人口百家以上才能成为镇,[16]而宋代有相当多的镇的人口超过了百家,甚至达到上千家、几千家。[17]作为农村商业的中心和人口聚集点,市镇人口中的相当一部分是由农村流入的,他们或在市镇从事工商业活动,或从事果蔬、园圃等商品性农业,或成为佣工、苦力。假如没有农村人口源源流入,城镇的迅速发展是不可想象的。

需要特别说明的是,在中国古代,城镇的工商业人口因多来自于农村,尤其是外乡农村,因而与农村存在着血缘、姻亲关系。对于工商业者来说,定期返回故里,或是年老之后叶落归根,几乎是他们的最后归宿。工商业者在城市长期定居,繁衍生息,而不仅仅是把流入城镇作为一种谋生手段的现象,明清时候才大量出现。

二、弃农迁业:唐宋农村人口的职业流动

唐宋以降,由于乡村中土地占有的差别,农民不断分化,弃农"迁业"成为一个不可避免的事实和社会现象。诚如宋人王柏所说:"今之农与古之农异,秋成之时,百逋丛身,解偿之余,储积无几,往往负贩佣工以谋朝夕之赢者,比比皆是也。"[18]这条材料说明,占有一块土地的自耕农发生

了"迁业"流动,即从事工商业。李晓认为,宋代出现了"小农、小工、小商一体化"格局,所谓"小农、小工、小商一体化"就是农民在农业生产的同时,以兼业的方式从事的以交换和赢利为目的的手工业小商品生产、小雇佣劳动、小商业经营等。[19]这一说法反映出了唐宋以来小农经济的新变化,同时也说明了唐宋时期农村人口流向城市工商业的趋向。

唐宋时期农村人口的"迁业"流动,大体可以区分为两种情况。第一种情况是,农村劳动力完全脱离农作,长期外出,辗转东西南北以工商业为营生。这类乡村劳动力从农村向城市举家迁徙,定居于城市核心区或外围地区,放弃了土地经营,依靠成为小商、小贩或出卖劳动力为生。第二种情况是,农村劳动力并未完全脱离农作,而是利用农闲时间涌入城市,成为小商小贩或者佣工。需要指出的是,无论完全脱离农业生产迁入城市,还是只是农闲期内的短期流入城市,农村劳动力在城市的主要出路,主要有两条:一是"负贩",成为小本买卖的经营者;二是"佣工",成为城市雇工。诚如叶适所言,农民"其驽钝不才者,且为浮客,为佣力;其怀利强力者,则为商贾,为窃盗"[20]。

农村剩余劳动力在城市的一个主要流向就是从事商业。如浙江衢州府"人多驰骛奔走,竞习为客,商日益众","龙游之民,多向天涯海角,远行商贾"[21]。如唐代杭州是东南名城,"骈墙二十里,开肆三万室"。[22]如果每肆按3—5人计算,那么杭州此时当有十数万商业人口。大历四年(769),李潮撰《苏州嘉兴屯田纪绩颂碑》中指出:"自羯戎乱常,天步多艰,兵连不解,十有四年,……(流)亡者惰游,……归耕之人,百无其一。"[23]表明逃户至某地多"惰游",即多从事工商业。又如:"苏州常熟县元阳观单尊师,法名以清。大历(767—779)中,常往嘉兴。入船中,……遍目舟中客,皆贾贩之徒。"[24]《太平广记》卷289《张守一》还记录说:"张守一者,沧、景田里人也。……乃负一柳箧,鬻粉黛以贸衣食,流转江淮间。……遂来广陵。"[25]兴元中,扬州"侨寄衣冠及工商等多侵街衢造屋,行旅拥蔽之"。[26]我们要问,上述这些"惰游"、"贾贩之徒"是从哪里来的?答案只有一个,绝大多数都是从农村流入的。敦煌遗书P.3774号"丑年十二月沙州僧龙藏牒"云:"……先家中种田,不得丰饶。齐周自开酒店,自雇人,并出本糜粟卅石造酒,其年除用外,得利刘价七十亩,柴十车,麦一百卅石。内卅十五石,齐周买釜一口,余并家中破用。"[27]主人齐周先是务农,家境贫寒,后开了酒店,雇了酒保,日子逐渐富裕起来。《太平广记》卷35冯大亮条载,冯大亮是西川彭州导江人,"唯一牛拽步磨以自给",后来牛死了,"改置酒肆",从此"金玉自至,宝货自积,殷富弥盛,虽王孙、糜竺之家,不能及也",5年之后,玄宗避难至蜀,大亮贡钱30万贯,以资国用。作为边区的沙州和川西的彭州都已有农村人口流入城镇迁业从事工商业,那么作为经济更为发达,商品经济程度更高的其他地区当更应如此。

除了从事商业之外,在城市中充当出卖劳动力的雇工也是这部分脱离土地的农村劳动力的一个流向。如《太平广记》卷74《陈生》条记载,茅山陈生偶至廷陵(属润州),"到佣作坊求人负担药物,却归山谷"。宋代,江南东路"乐平新进乡农民陈五,为翟氏田仆,每以暇时,受他人雇佣,负担远适"。[28]四川"邛州村民日趋城都府小东郭桥上卖工,凡有钱者,皆可雇其充使令担负也"。[29]宁欣教授等人通过对唐宋时期城市的雇佣服务业的研究提出:"城市雇佣劳动力市场的形成和雇佣劳动服务领域的拓宽,其背后有深刻的社会原因,也从一个侧面反映了唐宋时期城乡关系的变化,反映了农村人口向城市集中的趋势。"[30]这一看法无疑是正确的。此外,还有农村人口在城市从事卖艺、杂耍等活动,如南宋时的临安,就有"村落百戏之人,拖儿带女,就街坊桥巷,呈百戏、伎艺,求觅铺席、宅舍钱酒之资"[31],这同样是乡村人口前往城市寻找生计的一个写照。

唐宋时期农业劳动力向城市转移有多方面的原因,但"决定性因素归根到底是现实生活的生产和再生产"。[32]具体而言,唐宋农村劳动力向城市流动的主要原因有以下三个方面:

　　第一,农村生产力的提高和农村剩余劳动力的出现。唐宋时期,由于农业生产技术的进步以及经营集约性的加强,尤其是在农业发展水平较高的江南等地区,农民的劳动生产率有了很大的提高。农业生产率的提高是农业人口向城市流动的一个前提。另外,由于宋代人口急剧增长,人多地狭的矛盾在唐宋各农业主产区都不同程度的存在,这使不少以务农为生计的农户家庭明显存在劳动力"溢出"情况。人多地少的矛盾逼迫农民不得不转移粮食生产中剩余的劳动力,进入城市寻找生计,贴补家用。

　　第二,普通农家收入不足。唐宋时期,尽管农业生产力获得了巨大的进步,普通农民在农业生产中付出了大量的劳动力,但是收入仍然十分微薄,小农家庭常常入不敷出。以农业生产力相对发达的南宋为例,据梁庚尧先生的研究,南宋农家租课、赋役过于繁重以及婚丧祭祀方面的奢侈,使得南宋农家生产之所得不足以供一年生活之所需,必须从事其他工作,以弥补收入的不足。[33]因此,才会出现王柏所描述的南宋农户,"秋成之时,百逋丛身,解偿之余,储积无几,往往负贩佣工以谋朝夕之赢者,比比皆是也"。[34]

　　第三,唐宋以来城市经济的发展以及城乡差距的扩大,客观上促进了农村劳动力向城市的流动。由于城乡经济发展速度以及生产方式的差别,唐宋时期城乡之间的差距已经形成,而就城市居民和农民之间的生活水平而言,时人已经注意到，"城郭之人优逸，而乡村之民劳苦也"[35]。司马光更指出："四民之中，惟农最苦……故其子弟游市井者，食甘服美，目睹盛丽，则不复肯归南亩矣。至使世俗诽谐，共以农为嗤鄙，诚可哀也。"[36]可见，城乡差距的扩大以及城市生活的吸引，也是农村劳动力向城市转移的原因。

应当指出，唐宋时期农村劳动力的转移，因其历史的局限性，流入城镇成为固定工商业人口的现象还很有限，主要的趋势是"迁业"从事工商业，在由农村向城市的劳动力转移中实现了"小农、小工、小商一体化"。但需要强调的是，不论怎样，都在一定程度上冲击了自然经济形态，调整了农村经济结构，促进了城乡商品经济的发展和城乡联系的加强。

第二节　城乡的资本流动

资本的流动是城乡关系的一个重要方面。所谓资本，即带来剩余价值的价值。唐宋时期，随着城乡经济联系的加强，城乡之间的资本也通过国家赋税以及商人、地主的经营活动在城乡之间流通。

一、资本城镇化和城市资本向农村的回流

资本城镇化是指农村资本向城镇的聚集。唐宋政府从

农村征收的大量田赋和杂课,以及伴随城居地主和商人引入城市的地租和商业利润,使得农村资本向城市聚集。

　　农村资本向城市聚集的第一个途径是国家向乡村社会征调的赋税和专卖制度。政府通过城镇的地方政权和农村的乡里基层政权向农村居民无条件剥削赋税和徭役,集中到城市维持国家机器的运转。马克思指出:"国家存在的经济体现就是捐税。"[37]又指出:"赋税是政府机器的经济基础,而不是其他东西。"[38]在传统社会,国家的赋税收入主要是农业税。中央和地方各级政权从农村征收的赋税,基本流入了城市。建中元年(780),唐德宗采纳杨炎建议,实行两税法,以资产为宗的两税法代替了以丁身为主的租庸调制,但农民的赋税负担并未减轻,杂派加征仍旧不断。如建中三年(782)五月,"淮南节度使陈少游请于本道两税钱每千增二百,因诏他州悉如之"。[39]建中四年(783)六月,"户部侍郎赵赞请置大田:天下田计其顷亩,官收十分之一。择其上腴,权桑环之,曰公桑。自王公至于匹庶,差借其力,得谷丝以给国用……又以军需近蹙,常平利不时集,乃请税屋间架,算除陌钱。间架法:凡屋两架为一间,屋有贵贱,约价三等,上价间出钱二千,中价一千,下价五百"。[40]大和四年(830)五月,"剑南西川宣抚使、谏议大夫崔戎奏:准诏旨制置西川事条。今与郭钊商量,两税钱数内三分,二分纳见钱,一分折纳匹段,每二贯加饶百姓五百文,计一十三万四千二百四十三贯文。依此晓谕百姓讫"。[41]宋代,国家向乡村社会征调的赋税除了两税之外,还有身丁钱以及各种折科。王安石虽行"方田均税法",但是有的官员非法增加农民的赋税,有的甚至将荒山都纳入田赋征收范围。由国家无偿征收赋税导致农村资本向城市集中,实际上是城市剥削乡村的一种手段。

此外,在唐宋政府实行的盐、茶、酒等禁榷制度中,由于官定的垄断价格与农副产品之间存在价格差,农民出售农副产品所获得的货币收入实际上又被政府所攫取,也这成为了城市剥削乡村和乡村资本外流的另一种形式。以茶叶生产为例,茶叶是唐宋时期农村商品性农业中的大宗,由于唐宋茶叶贸易兴盛,唐宋政府对茶叶实施禁榷。在茶叶专卖中,政府从茶园户直接收取的茶叶价格与政府售茶的价格存在巨大的差价。以宋代东南茶为例,宋太宗至真宗时期,官方统购价和统销价是:"凡买价:蜡面茶每斤自三十五钱至一百九十钱,有十六等;片茶每大片自六十五钱至二百五钱,有五十五等;散茶每一斤自十六钱至三十八钱五分,有五十九等……其贸鬻,蜡茶每斤自四十七钱至四百二十钱,有十二等;片茶自十七钱至九百一十七钱,有六十五等;散茶自十五钱至百二十一钱,有一百九等。"[42]南宋时期,政府榷茶中的买卖价格差依然巨大。《宋会要辑稿》记录了南宋孝宗时期政府茶叶收购和出卖的情况,具体情况如下表：

表 1　南宋孝宗时期官府茶叶收购、出卖价格比较

场名	买茶价格（斤）	卖茶价格（斤）	差额（斤）
寿州霍山场	散茶上号 34 文 1 分	88 文 2 分	54 文 1 分
霍山场	散茶下号 22 文	63 文	41 文
舒州太湖场	散茶上号 38 文 5 分	88 文 2 分	49 文 7 分
蕲州洗马场	散茶上号 38 文 5 分	84 文	45 文 5 分
建昌军	散茶 12 文	35 文	23 文
杭州	散茶 13 文 3	0 文	17 文
建州	的乳 190 文	361 文	171 文
建州	头金 135 文	500 文	365 文

资料来源:漆侠:《宋代经济史》下册,中华书局 2009 年版,第777 页。

　　宋代政府在茶叶收购、销售之间的巨额价差反映了官府对茶园户的剥削和压榨,但从本质上反映出传统社会中城市对农村的剥削,在这一过程中农民的劳动价值和货币收入部分流入了城市。

商人城居和地主的城居,是农村资本向城市聚集的又一个途径。第三次社会大分工完成后,商人就已经形成为一个阶级了。[43]商人阶层的出现,必然和商业资本的积聚联系在一起。商业资本的积聚主要通过贱买贵卖以及囤积居奇、邀价牟利和金融投机等方式来得以实现,一方面"商人兼并农人",一方面勒索地主、官僚,以达到增加货币资本的目的。[44]中唐以后,"富商大贾"大量涌现,豪奢无比。湘潭李迁,"岁一贾,其入数千万"。[45]永嘉何子平,"累资千万,称于大家"。[46]新安祝家,"其邸肆生业,几有郡城之半,因号半州"。[47]寿州巨商"挟资自豪,陈氏、范氏名天下"。[48]商人大量城居,使得城乡贸易中资金巨额流入城镇。

在传统社会中,地主阶级具有较高的"边际储蓄倾向",同时也掌握有更多的"城市联系"。[49]唐宋时期,部分地主进入城市,成为居住在城市的坊郭户,城居地主不断增多。洪迈说:"士大夫发跡陇亩,贵为公卿,谓父祖旧庐为不可居,而自更新其宅者多矣。复以医药弗便,饮膳难得,自村疃而迁于邑,自邑而迁于郡者亦多矣。"[50]不仅士大夫如此,普通地主城居的情况也不断增多。例如南宋南康军治所,就有"在城上户二十五名"[61]。建昌军"南城人刘生,别业在城南三十里,地名鲤湖,时往其所检视钱谷"[62]。再如,"福唐梁绲居城中,尝往其乡永福县视田"。[63]台州天台县"士子某居城中,而田在黄岩"[64]。福建莆阳,"段氏夫吴思敬寄居本府城内,其所争地乃在本县二十三都,相去四百余里"[65]。城居地主虽然在城市居住,但在乡村仍旧有土地和田产,因而被称为"遥佃户"。史载:"民有物力在乡村而居城郭,谓之遥佃户。"[66]地租大量进入城镇,加剧了城镇对农村的剥削和压榨。

在资本城镇化的同时,城镇资本也以另一种形式流入乡村。这种形式就是城市商人在乡村置买田地而引起的资金回流。由于中国传统社会商人资本的流向,基本遵循着"以末致财,用本守之"的原则,土地对于商人资本始终具有着巨大的吸引力。唐宋商人在积累财富的同时,也通过购置土地,将多余的商业资本转化为土地资本,形成了城市资本回流乡村的一大机制。《唐大诏令集》卷11《遣使宣访诸道诏》载:"访闻江淮诸道富商大贾,……广占良田,多滞积贮。"[67]如著名的西京富商邹凤炽在乡村购田置地,"邸店园宅,遍满海内"[68]。宋代,随着商人和商人资本的壮大,商人到乡村置地的记载更为繁多。北宋后期人李新记载说,陆、海商贾"持筹权衡斗筲间,累千金之得,以求田问舍"[69]。南宋人朱熹也记载泉州"市户""典卖田业,不肯受业"[70]。黄冈县人蔡廷玉,"懋迁磋石为资生计",后又"置田园于天岳之邦"。[71]在《夷坚志》里也有很多商人购买土地的记载,如"吴十郎者,新安人,淳熙初避荒挈家渡江,居于舒州宿松县。初以织草履自给,渐至卖油,才数岁,资业颇起,殆且巨万,……自后广置田土"。[72]又如"平江城北周氏,以货麨面为生业,固置买……良田,遂致高赡"。[73]还有一个死囚获救后,成为了富商,"于晋、绛间有田宅"。[74]更有个别商人直接弃商从农,如南宋的从事海外贸易的海商张翩,"其货日滋"[75],后来直接在婺州城外购置大批土地,不再经商,成为单纯的地主。洛川人赵和先是"冠乡户之甲"的地主,后来弃农经商,"自秦抵晋。谨身节用,不十数年,复豫豪籍之右",又重新投资土地。[76]商人在乡村置买土地的行为,使得商业资本部分从流通领域转移到土地上来,促使聚集于城镇的资金回流向农村。

高聪明指出,货币在城乡间的流通,实际上反映了社会财富的分配是政府、地主、商人、高利贷者对生产者的剥削,是城市对乡村的剥削的体现。[77]资本城镇化加剧了农村的资金外流,造成了农村再生产的困难。因而,城乡的对立实质上就是"农民反对城市的斗争,也就是劳动反对地租、赋役、利润和利息的斗争,反抗统治和压迫的斗争"。[78]同时,城镇资本也通过商人的置买田地行为由城市流向农村。然而,应该看到的是,农村资本的流出和回流并不具有"对消"效应,商人在农村购买土地的资本不仅相对于农村流出的资本少得多,而且这些回流的资本很大程度上难以用于农村的扩大再生产。乡村的资金外流始终是城乡资本流动的一个基本趋势。

二、商人资本向生产领域渗透——包买商人的出现

唐宋时期，城乡商品经济中出现了包买商人，包买商人及其在城乡的活动是商业资本渗入生产过程的表现。从城乡经济关系的角度看，包买商人在乡村的活动，使城市商业资本向农村生产资本转移，这是资本在城乡间运动的又一种形式。

包买商，也称"包买主"，指收购小生产者生产的商品，在市场上进行转卖的商人。[78]法国年鉴学派代表人物费尔南·布罗代尔在其《15 至 18 世纪的物质文明、经济和资本主义》中写道："包买商制度是一种生产组织形式，根据这种组织形式，商人在分发活计时，向工人提供原料，并预付部分工资，其余部分在交付成品时结清。"[79]马克思曾经指出，包买商人甚至有时能间接或"直接支配生产"，在封建生产方式向资本主义生产方式转变的"历史上起过巨大的过渡作用"。[80]在中国古代，唐宋时期包买商人的活动已十分活跃。苏轼形容说："夫商贾之事，曲折难行。其买也，先期而予钱；其卖也，后期而取值。多方相济，委曲相通"。[81]包买商见诸于史籍的，主要是江西的织布业、两浙丝织业、福建果园、川峡茶园和广东矿冶业等部门和地区。

在织布业中，如洪迈《夷坚志》卷 5《陈泰冤梦》中所记载的抚州民陈泰，"以贩布起家。每岁辄出捐本钱，贷崇

仁、乐安、金溪诸绩户;达于吉之属邑。各有馹主其事。至
六月,自往敛索;率幕秋乃归。如是久矣"。[82]陈泰原为抚州
布商,"起家"之后,已不再一般性地"贩布",而是以自己积
聚的货币财富向绩户预贷本钱,不仅抚州,而且吉州属县的
绩户都接受陈泰放贷的本钱,"用自己的商品来偿还债
务",将产品交给陈泰及其代理商。而陈泰以贷款始,以包
销为终的活动,显然已改变了他早先直接购买和单纯出卖
麻布的普通商人身份;绩户们事实上也已开始"为个别商
人"生产麻布。陈泰向绩户发放具有定金性质的生产性贷
款,从而使商业资本渗透到了生产领域。这些"绩户"实际
上是从农户中分离出来的生产麻布的专业户,陈泰的包买
活动显然沟通了城乡经济联系。

　　丝织业中,明人冯梦龙在《古今小说》中所转录的南宋
临安商人吴山,"门首开个丝绵铺,家中放债积谷,果然是
金银满箧,米谷成仓。去新桥五里,地名'灰桥市'上,新造
一所房屋,令子吴山、再拨主管帮扶,也好开一个铺。家中
收下的丝绵,发到铺中,卖与在城机户。……家中收丝放
贷,……收拾机户赊账"。[83]这里间接地讲到了商人与城乡
手工业者的关系。故事未必尽实,但其所反映的商业活动,
显然有客观背景。吴山从乡间收购丝绵,即"收丝放贷",
大概就是利用"金银满箧"的"丝行资本"插手生产领域,即
向乡村丝绵户预付工本钱,然后收掠其丝绵产品,发往他父

亲所在的新桥"丝绵铺","卖与在城机户"。吴氏出售丝绵的手段,据故事反映,有"日逐卖"和"机户赊账"两种。这两种方式,尤其是后一种,不仅有助于吴氏丝绵的迅速销售和向独占性方向发展,而且有助于迫使机户依附于他,正如接受"放贷"的乡村丝户依附于他一样。至于"放债积谷"似乎不是丝绵铺吴家的主业,因为故事中提到丝绵铺"间避粜米张大郎"事似已透露。

在茶业中,包买商在头一年就向茶园户预付订购茶业的钱款以获得包销茶园产品的权利。吕陶记载,四川"茶园人户,多者岁出三五万斤,少者只及一二百斤。自来隔年留下客放定钱,或指当茶苗,举取债负。准备粮米,雇召夫工,自上春以后,接续采取。乘时高下,相度货卖。中等每斤之利,可得二十文,次者只有十文。以来累世相承,恃以为业"。[84]茶园主接受了商人的"定钱"用于准备和组织再生产,而商业资本则在一定程度上控制了园户的生产过程。

在园圃业中也活跃着包买商人的踪迹。据北宋蔡襄《荔枝谱》记载,荔枝"福州种植最多,延迤原野洪塘水西,尤其盛处,一家之有,至于万株。初著花时,商人计林断之以立券。若后丰寡,商人知之,不计美恶,悉为红盐者,水浮陆转以入京师,外至北戎、西夏,其东南舟行新罗、日本、流求、大食之属,莫不爱好,重利以酬之","商人贩益广,而乡人种益多"。[85]可见这种包买活动不但刺激了荔枝的生产,更为重要的是"商人资本不仅渗入原料收购,而且渗入加工过程,显然已有迈入资本渗入生产的第二阶段的趋势。"[86]

商人资本向生产领域的渗透,必须具备两个先决条件,一是较大规模的商品市场(尤其是远地市场),一是为市场而进行的商品生产。[87]事实上,除上述两个条件外,还应包涵有这样的前提:第一,包买商人必须拥有雄厚的或相当数量的货币资金。如临安吴家"金银满箧"。抚州陈泰捐贷绩户的"本钱"范围不仅包括抚州3县,而且包括吉州属县,可见范围之大,"掯索"者仅乐安县曾氏已达"数千匹";出钱给仅为"诸驵"之一的曾小六盖包库就费钱"五百千"。福州荔枝园,一家可有万株果树,而"商人计林断之",耗资之巨可见一斑。第二,包买商人购销产品的数量,必须成批和大宗,这样才能产生规模效益,商人才会预贷资本。马克思指出:"商人资本的任何一种发展,会促使生产越来越具有以交换价值为目的的性质,促使产品越来越转化为商品。"[88]值得指出的,传统社会中农村金融缺乏是一个普遍的现象,尤其是唐宋以来随着农业生产商品化趋势的加强和乡村专业户的增多,农村再生产过程中对于资金的需求有增无减。"引起包买主出现的条件之一,即小生产者的分散性和孤立性"。[89]特别是在纺织业、茶业、园圃业等专业性较强的行业中,农户对市场的依赖性强,而小农经济又存在细碎型、脆弱性等特点,经济力量薄弱,缺乏生产资金的现象时有发生。包买商人通过预付货款这种形式将商人资本渗透到了商品生产领域,一方面解决了农村专业化生产中资金不足的问题,另一方面有利于乡村经济的发展,同时也在一定程度上使得资本通过包买活动向农村的流动,促进了城乡之间的经济联系。

注　释

1　Mark Elvin(伊懋可):The Revolution in Market Structure and Urbanization. See The Pattern of the Chinese Past,Stanford 1973,PP164—178.

2　详见胡焕庸等:《中国人口地理》上册,华东师大出版社 1984 年,第 87 页。

3　直至解放前夕,青藏高原以及除哈密、乌鲁木齐一带以外的新疆其他地区,特别是南疆腹地,几乎没有汉民族的迁移。

4　参见胡焕庸等:《中国人口地理》上册,第 325—327 页。

5　韩愈:《韩昌黎集》卷 2《出门》、卷 37《论今年权停选举状》。

6　冻国栋:《唐代的商品经济与经营管理》,武汉大学出版社 1990 年,第 31 页。

7　8　吴松弟:《中国人口史》第三卷《辽宋金元时期》,第 572—619、151、153、592、594 页。

9　宋敏求:《长安志》卷 10。

10　《旧唐书》卷 140《张建封传》。

11　《续资治通鉴长编》卷 116,景祐二年正月戊申。

12　周应合:《景定建康志》卷 23《庐院·养济院》。

13　王曾瑜:《宋朝阶级结构》(增订版),中国人民大学出版社 2010 年,第 334 页。

14　参见赵冈:《论中国历史上的市镇》,《中国社会经济史研究》1992 年第 2 期。

15　参见傅宗文:《宋代草市镇研究》,第 117 页。

16　《宋会要辑稿》方域 12 之 19。

17　吴松弟:《中国人口史》第三卷《辽宋金元史》,第 607 页。

18　王柏:《鲁斋集》卷7《社仓利害书》。

19　参见李晓:《宋代工商业经济与政府干预研究》,第一章。

20　叶适:《水心别集》卷2《民事中》。

21　天启《衢州府志》卷16。

22　《文苑英华》卷800《杭州刺史厅壁记》。

23　《全唐文》卷430,李瀚《苏州嘉兴屯田纪绩颂》。

24　《太平广记》卷29《李卫公》。

25　《太平广记》卷289《张守一》。

26　《册府元龟》卷678《牧守部·兴利》。

27　池田温:《丑年十二月僧龙藏牒——有关九世纪初敦煌家产分割诉讼文书的介绍》,《山本博士还历纪念东洋史论丛》,东京山川出版社1972年。

28　《夷坚志》支癸卷5《神游西湖》。

29　《夷坚续志》前集卷2《幻术为盗》。

30　刘艳秋、宁欣:《笔记小说中的唐宋都市生活服务业》,杜文玉主编:《唐史论丛》第8辑,三秦出版社2006年。

31　《梦粱录》卷20《百戏伎艺》。

32　《马克思恩格斯选集》第4卷,人民出版社1972年,第477页。

33　梁庚尧:《南宋农村经济》第三章,新星出版社2006年。

34　王柏:《鲁斋集》卷7《社仓利害书》。

35　《续资治通鉴长编》卷394,元祐二年春正月辛巳条。

36　《续资治通鉴长编》卷359,元丰八年八月己丑条。

37　《马克思恩格斯选集》第1卷,人民出版社1972年,第181页。

38　《马克思恩格斯选集》第3卷,人民出版社1972年,第22页。

39　41　《旧唐书》卷48《食货上》。

40　《旧唐书》卷48《食货下》。

42　马端临:《文献通考》卷18《征榷考五》。

43　李埏:《再论我国封建的土地国有制》,《中国封建经济史研究》,云南人民出版社1987年。

44　郑学檬：《关于唐代商人和商业资本的若干问题》，《厦门大学学报》1980 年第 4 期。

45　《欧阳文忠全集》卷 63《湘潭县修药师院佛殿记》。

46　周行己：《浮沚集》卷 7《何子平墓志铭》。

47　朱熹：《朱子大全文集》卷 98《外大父祝公遗事》。

48　王安石：《王文公文集》卷 92《曾致尧墓志铭》。

49　张培刚：《农业与工业化》中下合卷，华中科技大学出版社 2002 年，第 174 页。

50　《容斋续笔》卷 16《思颖诗》。

51　《朱文公文集》别集卷 9《论上户承受赈籴米数目》。

52　洪迈：《夷坚丁志》卷 18《刘狗麽》。

53　《夷坚志补》卷 20《梁仆毛谷》。

54　《夷坚支戊》卷 6《天台士子》。

55　《名公书判清明集》卷 9《盗葬》。

56　《续资治通鉴长编》卷 345，元丰七年四月辛酉条。

57　《唐大诏令集》卷 11《遣使宣访诸道诏》。

58　《太平广记》卷 495，邹凤炽条引《两京记》。

59　李新：《跨鳌集》卷 20《上王提刑书》。

60　朱熹：《朱文正公集》卷 43《答陈明仲》。

61　《湖南通志》卷 283，岳州《宋崇胜寺钟铭记》。

62　《夷坚支癸》卷 3《独脚五通》。

63　《夷坚三志己》卷 7《周麸面》。

64　《夷坚乙志》卷 7《布张家》。

65　吕祖谦：《吕东莱文集》卷 7《大梁张君墓志铭》。

66　《山右石刻丛编》卷 17《赵和墓志》。

67　高聪明：《宋代货币与货币流通研究》第二辑，河北大学出版 2000 年，第 311、341 页。

68　胡如雷：《中国封建社会形态研究》，第 283 页。

69　《辞海·经济分册》，第 405 页。

70　费尔南.布罗代尔著，顾良译：《15 至 18 世纪的物质文明、经济和资本主义》(第 2 卷)，生活·读书·新知三联书店 2002 年，第 338 页。

71　《资本论》第 3 卷,第 845 页。

72　《苏东坡全集·奏议集》卷 1《上皇帝书》。

73　《夷坚志》卷 5《陈泰冤梦》。

74　冯梦龙:《古今小说》卷 3《新桥市韩五卖风情》。

75　吕陶:《净德集》卷 1《奏具置场买茶旋行出卖远方不便事状》。

76　蔡襄:《荔枝谱》。

77　78　龙登高:《宋代东南市场研究》,第 199、198 页。

79　《资本论》第 3 卷,第 845 页。

80　列宁:《俄国资本主义的发展》,人民出版社 1957 年,第 291 页。

第五章　唐宋时期的城乡产业
结构及其发展变化

　　城乡产业结构是城乡产业分工的表现形式,反映的是产业在空间(城市和农村)的布局及其相互关系。在古代,农业生产、手工业生产和商业构成社会经济结构的主要组成部分。它们在历史上先后出现,都是社会分工的结果。古代中国的城市和乡村,虽然不尽是二元经济理论所认为的"城市工业"、"乡村农业"的格局,但城市是以工商业为主要产业,乡村以农业为主、作为家庭副业的手工业为辅,即所谓的"男耕女织"却是肯定无疑的。如前所述,隋唐以降,特别是唐中叶以后,江南等地区出现了若干商业性的城市和草市镇,并为尔后的历代所沿袭和发展。在城乡社会再生产过程中,城乡的产业结构亦发生了变化。唐宋时期城乡产业结构的发展,首先表现为,随着城市经济和商业的发展,城乡间的产业分工和结构布局基本形成。其次,随着城乡社会生产诸要素一定程度的流动,城乡经济联系加强,城乡产业间联系和协作加强,城乡产业结构发生了变化。

本章从城乡经济关系着眼,着重阐述唐宋城乡产业结构的发展和变化。

第一节　城乡间的产业结构布局

产业布局是分析唐宋城乡产业结构的重要内容,主要考察的是产业在空间(城市和农村)上的布局。城乡产业布局,既与各产业自身的特点有关,又与产业的特点与城市或农村特点的结合有关。唐宋时期城乡产业布局,既是城乡产业分工的必然表现,又是唐宋时期各产业繁荣发展的结果。

大体而言,唐宋城乡产业布局的主要特点是:农业是农村的主要产业,手工业在城乡都获得了一定程度的发展,商业的繁荣成为唐宋城市经济发展的亮点,与此同时,农村市场也获得了发展。

一、农村的主导产业——农业及其发展

唐中叶以后,尤其是两宋,农业生产得到了空前的全面发展。郑学檬曾指出:"唐代江南农业发展的原因是多方面的,诸如人口南移,生产工具的进步,兴修水利、中央和某些地方官的正确指导,劳动人民辛勤耕耘等等。在这些因素中,贯穿着科学技术发明、科学技术知识这根主线。"[1] 宋

代,农业生产力水平的提升更为显著,特别是江南地区农业发展出现了较大的发展,以致有学者认为宋代出现了"农业革命"。[2]具体说来,唐宋时期农业生产的发展表现在劳动人口激增,土地大量垦辟,单位面积产量提高,经济作物普遍种植和商业性农业的发展等方面。

第一,劳动人口激增。宁可先生指出:"封建社会生产力水平不是明显的表现在工具和技术的发展上,而是表现在劳动力的增减上。人口的增加,往往标志着生产力的发展;减少,则往往标志着生产力的下降。"[3]唐宋时期"生齿日繁",人口数不断增加。《通典·州郡典》中记录唐代诸州郡总户数为8701569户,[4]宋代户数最高时(大观四年)达20882258户[5],从总户数上看都已经超过了唐宋之前的水平。在宋代,自耕农和佃农是农村主要的劳动人口,据漆侠先生估计,客户,第四、五等户以及第三等户中的富裕农民,约占总户数85%以上[6],如果再按宋代平均每户5.4口计算的话,[7]宋代劳动人口的峰值可达53249758人。劳动人口的增加是唐宋农业发展的一个重要表现。

第二,土地大量垦辟。劳动人口的激增,加之政府积极鼓励垦田,有力地推动了田地的垦辟。中唐以后,改造润州练湖成功,"废塘复置,以溉丹阳、金坛、延陵之国"。[8]江陵"塞古堤,广良田五千顷,亩收一钟"。[9]孟简于武进、无锡、山阴兴修水利工程,溉田四千余顷[10]李栖筠于常州"导江流以资溉灌",大获丰收,"流民毕复"。[11]至于福州、鄂州等地还大量开发"山田",实行稻麦轮作。宋代,农民使用各种办法垦辟可耕荒地,增加耕地面积。江西、湖南、福建、浙东等多山地区,农民垦山为田。韩琦《过吴儿谷》诗:"山鸟过云语,田夫半岭锄。"就是这种"开山为田"的真实写照。江西抚州、袁州等地农民把岭坂开辟为稻田,层层而上,直至山顶。范成大在其《骖鸾录》中写道:"岭坂上皆禾田,层层而上至顶,名'梯田'"。福建甚至可以说是"水无涓滴不为用,山到崔嵬犹力耕"。[12]至于沿湖、沿江地区,几乎都兴建了圩田,"自景清以来,四方无事,户口蕃庶,田野日辟"。[13]

第三,单位面积产量提高。单位面积产量高低,是农业生产水平高低的一个重要标志。据陆宣公奏议所称,唐代浙西的亩产量最高,约为 2 石。李伯重先生则指出:唐代水稻一作制下江南亩产量为 3 石;稻麦复种制下为 4 石。较之于六朝的 1.4 石,唐代取得了重大进步。[14]唐代的亩产量是否确有这么高,固然可以商榷,但唐代较之于前代有重大进步却是确凿无疑的。宋代时,苏州中熟之年,每亩就能产米 2 石或 3 石,两浙的上田每亩收谷约五六石。[15]据闵宗殿先生研究,南宋时太湖地区的产量,上田收米 3 石,次等 2 石,以 2.5 石米计,折合成市制,约亩产为 450 斤左右。[16]明州的广德湖灌区,由于水利条件好,"每亩收谷六七石"。[17]漆侠先生认为,宋代亩产量一般是 2 石,最差也有一石。龙登高在《宋代东南市场研究》中认为,宋代东南地区每亩产量最高达为 2—3 石。[18] 显而易见,唐宋时期东南地区农业劳动生产率已经有了显著提高,并为全国之冠。

第四,经济作物普遍种植和商业性农业的发展。中国的传统农业向以多种经营著称,除了种粮业以外,还包括蚕桑业、茶业、蔗业、饲养业、园圃业等等。这些生产部门当然早在唐代以前就已存在,但至唐宋时期得到了较快的发展。其具体表现就是经济作物种植的普遍化和商业性农业的发展。例如淮南、荆湖、福建等路茶园相当普遍,而尤以福建所产质量最好。闽、粤、川、浙盛产甘蔗,其中尤以四川遂宁甘蔗最负盛名。江淮、福建、两广、川蜀等地,已逐步种植棉花。兴盛于岭南的橙、桔、荔枝、龙眼等水果种植地区不断扩大,纷纷向浙、赣、川、苏等地推广。太湖地区作为重要的蚕桑基地之形成和发展,乃是宋代时候的事情。此外,城镇近郊养花业的发展,江湖以及近海的渔业以及陂塘的养鱼业等多种经营也渐次展开,形成了为数众多的专业经营区域,进行集约化的商品性生产,从而全面推进了农村经济的发展。关于这方面的详细论述已多见诸学者们的论著[19],故略。这里只想说明,丝、绢、茶、蔗等经济作物,由于商品性较强,有利于农业经济更多并经常地与市场发生联系,从而推动了农家经济的发展和农业结构的变化,加强了城乡之间的经济联系。

总之,唐宋时期,在小农家庭个体性综合型生产力提高的基础上,加之水利建设与农田改造带来的土壤改善,精耕细作的加强,优良品种的引入等因素相互作用推动下,农业生产取得了革命性的进步。在此前提下,租佃关系继续发展并逐渐居于主导地位,货币地租出现并得到发展,进而,手工业、特别是私人手工业,城市经济都有了显著的发展,城乡经济之间的联系随之亦大大加强。反过来,又促进了城乡经济的发展和社会的进步。

二、城乡手工业及其发展

唐宋手工业在城市和乡村都有分布。马克思说:"农业劳动是其他一切劳动得以独立存在的自然基础和前提。"[20]伴随着农业的大发展,唐宋时期手工业也出现了显著的进步。如所周知,手工业部门繁多。对于城乡手工业的发展及其相互联系,后面还将涉及,这里不拟详论,仅就几种主要手工业生产简略论之。

第一,矿冶业。唐代,有色金属采矿的坑冶与产量均较前代显著增多。有色金属主要分布于南方。饶州乐平县一处银矿年产10万两。而且质量亦有提高,如郴州银矿,"俗谓锅子银,别处莫及"。[21]尤为值得一提的是,中唐以后人们已开始用石油"膏车及燃灯"。[22]北宋中期,李觏曾说:"东南之郡,山高者鲜不凿,土深者鲜不掘。"[23]信州铅山,常募集十余万人昼夜开采,每年得铜千万觔,置四监冶铸,岁得铜钱万余百贯。宋室南渡以后,矿源减少,加之管理不善,产量大为下降。绍兴十二年,信州铅山开采量较之北宋"十无一二"。[24]绍兴末年,信州炼铜每年近12万斤,几乎占全国总产量的一半;江西诸州每年产铁70余万斤,约占全国总产量的80%。[25]

第二,造船业。造船业在古代中国一直很发达。中唐以后造船业重点在南方,而且产量质量都有进步。刘晏在扬子县置10个造船场,造船达2000余艘,专供内河运输。此外还造有远洋海船、轮船。北宋时候,造船业已领先于世界。荆湖、江南、淮南、两浙等地都设有大型造船场。处州、吉州、明州、婺州、温州、台州、楚州、潭州等是造船场的主要所在地。太宗至道末年,全国共造漕运官船3300余艘,其载重量从300料(一料约为二石)到500料甚至1000料不等。此外,还造有远洋海船,并已使用船柁和指南针。南宋时期,除了临安、建康、平江、温、潭、赣、吉等地官场制造大批漕船、战船外,沿海的民营造船业在制造海船上也有重要贡献。史载:"海舟以福建为上,"[26]"凡滨海之民所造舟船,乃自备财力,兴贩牟利"。[27]

第三,纺织业与印染业。明朝人丘濬曾说:"自古中国所以为衣者,丝、麻、葛、褐四者而已。"[28]宋、元以前的确基本如此,纺织业可分为丝、麻、毛、棉四种。唐代中叶以前,中国的丝织业以黄河流域为最发达,其次是四川地区。安史之乱以后,丝织业中心向南转移,形成了两浙和四川两个中心。以江南地区为例,这一时期丝织业表现为产品品种和产量的增加以及质量的提高。据统计,唐后期长江下游各州贡品种类为前期的两倍;江淮地区丝织品的产量为每年约3400万匹绢,约当天宝间全国年庸调的4倍还多。[29]爰及北宋,江南地区的丝织品在数量上已对北方形成了绝对的优势,而且丝织业分布很广。宋室南渡以后,丝织业中心南移完成。加之国家用度主要取给于东南,因而衣被之源的丝织业更受重视。东南诸路普遍植桑,这里"蚕一年八育。"[30]"杭湖等州属县多以桑蚕为业"。[31]"江东、江西之人,凡低山平原亦皆种植",且用功甚精。[32]至于宋人的诗文描写这种情况,更是不胜枚举。如"桑眼迷离应久雨,麦须骚杀已禁风"。[33]"采桑风雨无辛苦,指日缫成白雪丝"。"太平主相调元气,春在桑畦麦垄边"。[34]

　　苧麻类纤维作物有大麻、麻、蕉麻、葛麻等品种,在唐代以前就在江南种植。至唐代以后,麻类作物种植普遍起来,并成了大田作物。[35]至于棉花的种植及其于南宋时逾岭峤向江南西路、两浙路、江南东路逐步推进和扩展,漆侠先生已讨论在先。[36]

　　除了以上几种手工业外,唐宋时期制盐业、粮食加工业、陶瓷业、铸钱业、造纸以及刊刻印刷业等都获得了巨大的进步和发展。值得注意的是,唐宋时期的手工业在城乡的分布具有不平衡性。漆侠先生曾指出,宋代手工业主要是在城市镇市上建立和发展的[37]。但是广泛存在于小农家庭的家庭手工业,不仅是我国历史上延续时间最长的手工业,也是地域分布最为广泛的手工业。家庭副业手工业对唐宋手工业的发展、技术的提高起到了重要作用。

三、城市商业的繁荣和农村市场的发展

商业的繁荣是唐宋城市经济发展的亮点。马克思指出:"商品依赖于城市的发展,而城市的发展也要以商业为条件。"[38]与此同时,农村市场也出现了发展。在城市,商品交易突破了坊市制的限制;在农村,大批草市纷纷兴起,"十家之聚,必有米盐之市"[39]。城市商业和农村市场共同构成了唐宋商业和市场的基本格局。

在城市,随着商品经济的发展,从唐代末期开始,坊、市间功能迥异,坊、市俨然有别的坊市制度逐步被破坏,交易活动突破了市区的严格限制,溢出到市区以外,侵街、破坏坊墙的情况变得越来越普遍,市的交易时间限制也逐渐被废止,出现了夜市和早市。夜市才毕,早市又起的情况反映了商业交换的繁荣。坊市制度消失之后,城市商业发展更为迅速,商人群体逐步壮大,商业资本得以增强,"州郡财计,除民租之外,全赖商税"[40]。关于唐宋城市商业的繁荣

景象,唐宋时期大量的文献记载中都能找到具体的反映。如唐代的长安"街市内财货二百二十行,四面立邸,四方珍奇,皆所积集"[41]。到宋代,城市商业的发展更为繁荣。吴慧先生从商税征收岁额角度,对宋代城市商业水平做出了评估。她认为,在北宋征收商税的 1005 个城市中,15% 的城市已具有一定的商业意义,甚至成为重要的商品交易市场。这些城市承担了全国贸易总额的一半,在全国商业发展中占有重要地位。[42]南宋由于缺乏北宋熙宁时期那样全面的商税数字,无法做出类似的详细估算,但可以肯定,南宋城市商业的发展水平并不逊色于北宋,甚至在北宋的基础上有所发展。

在城市商业获得巨大发展的同时,乡村贸易也获得了发展。唐代对农村市场的发展并不抱积极态度,草市在官方法律上并未得到正式认可,当然这也反映了当时草市发展的规模和影响并不大。唐中叶以后,草市大量涌现,特别是在商品经济发达的南方地区,草市已经成为商品交易的重要场所。杜牧在《上李太尉论江贼书》中就讲到:"凡江淮草市,尽近水际,富室大户,多居其间。"[43]此时草市已经成为唐代市场的重要组成部分,也成为财富力量的集中之地,在社会经济生活中扮演了越来越重要的角色。到了宋代,草市如雨后春笋般地大量涌现,这在交通枢纽和城市周边等地更是如此。苏轼在宿州时就曾见到大量的草市散居城外,而且他说,其他各地中像宿州这样"城小人多,散在城外,谓之草市者甚众"。[44]可见草市已经非常普遍,交易活动也日趋活跃。同时,宋政府开始在草市中设置场务,征收商税,正式承认草市的合法性。宋孝宗时,又下诏"乡落墟市,贸易皆从民便。不许人买扑收税,减罢州县税务甚多。"[45]在这种相对自由宽松的经济政策下,草市获得了迅速的发展,其中许多兴起成为新的市镇。唐宋草市镇的发展,不仅扩大了国家的商税来源,更主要的是使广大的农村地区卷入了市场之中,为唐宋商品经济的空前繁荣创造了条件。

第二节　城乡产业联系的加强和产业结构的变化

城乡产业结构除了产业在城乡的布局外,还包括城乡产业之间的联系即协作关系。唐宋时期随着商业和城市经济的发展,城乡间的产业联系和协作关系加强,城乡产业结构也随之发生了变化。

一、城乡产业联系的加强

正如前文所论,就城乡的产业布局来说,唐宋时期,农村以农业为主导,城市以工商业为主导,城乡手工业并行发展的产业布局已经形成。由于这三大经济部门自身的特点,决定了产业间联系是一个不断加强的过程。这本身也构成了唐宋城乡经济关系的重要内容。

先来看农业、手工业和商业之间的联系。韩愈认为:"粟,稼而生者也。若布与帛,必蚕绩而后成者也。其他所以养生之具,皆待人力而后完也。吾皆赖之。然人不可遍为,宜乎各致其能以相生也。"[46]这里,韩愈第一次提出了农、工、商相生相养的思想。这样的思想并非是唐宋思想家的主观创造,而是具有一定的社会现实基础。这一基础就是唐宋时期各产业间既相互分工,形成了城乡产业布局,又相互联系,促进了城乡经济关系和社会经济的发展。

农业的发展为手工业和商业的繁荣提供了可能,商品性农业的发展又将农业与商业密切的联系起来。唐宋时期农业的巨大发展,是手工业发展的前提。随着商品经济的发展,一部分小农从农业中分离出来转化成为专门的小手工业者,甚至在大城市中出现了民营的手工业作坊,这样的情况在织锦、造纸、冶铸、酿酒、造船业中都有所体现。从这里生产出来的产品主要是面对市场进行商品交换,基本上属于商品生产性质。社会分工的发展推动了市场的深化和社会资源的优化组合,扩大了市场的规模。尤其是随着商品性农业的发展,农村的农业生产和小农经济越来越面向市场,农业与商业的联系更趋紧密。农民参与手工业和商业更加频繁,小农经济出现了"小农、小工、小商的三位一体化"[47]。与此同时,牙人和包买商深入到乡村,促进了乡村经济的市场化以及农业与商业之间的联系。

手工业的发展以农业的发展为前提,手工业又为农业的进一步发展创造了条件,促进了农业工具的改进以及水利灌溉技术的提高。同时,手工业的发展为商业的发展提供了大量的物质财富,形成了许多特殊的的商人群体,比如盐商、茶商、米商等。这些商人拥有巨额的财富,有的甚至富可敌国,王元宝、邹凤炽都是这一时期著名的富商。例如,邹凤炽"其家巨富,金宝不可胜计,常与朝贵游,邸店园宅遍满海内,四方物尽为所收"[48]。商人群体的活动,极大地活跃了城乡市场。值得指出的是,相对于农业而言,手工业与商业的联系更为紧密。这是因为,农业生产具有相对的稳定性,在一定的生产力水平和社会条件下(排除战争、灾害等因素),农业向社会提供的产品数量是相对稳定的,而手工业则是影响商业,尤其是影响市场商品供给的主要因素。所以,如果说农业是商业发展的基本条件,那么手工业的发展则是商业繁荣的重要条件。

宋代农业、手工业的发展使商业和市场的发展水平远胜于前代。农业的发展为粮食的商品化提供了可能,同时,也正因为粮食市场的出现,才使大量的行商坐贾得以进行各种贸易、交换活动,市场和商业才能繁盛起来。正如漆侠先生所指出的那样:"农业手工业发达的程度是确定商业发达程度的测量器。"[49]商业的繁荣为农业和手工业提供了市场,特别是商人深入乡村从事与农业和手工业有关的商业活动,促进了商业与农业、手工业之间的联系和城乡经济的交流。

我们再来看城乡手工业的相互联系。胡如雷先生认为,古代"城市手工业包括官府手工业作坊、私营手工业作坊及为定货而生产的手艺"。[50]唐宋时期,官府手工业大致有三大类:少府系统的少府监(生产各种日用手工业品),军器监(制造军用品),将作监(土木营建工程和建筑材料加工);内庭管理的诸多坊、务、所,如官锦坊、造船务、内酒坊、造作所等;地方官府手工业,主要制造军器和上供物品。[51]其原料来源,主要是官府的矿场山林、农业税以及官府科买的物品。

唐宋时期的官府手工业同历代一样,其生产的商品极其有限,产品主要是供上层统治者消费。如唐代少府监所属之织染署,"掌供冠冕、组绶及织纴、色染",因此"凡绫锦文织,禁示于外"。[52]南宋的文思院,"凡仪物、器杖、权量、舆服所以供上方给百司者,于是出焉"。[53]这种职能决定了官府手工业门类多、规模大,分工细。唐代织染署下属25作,而其下的织纴、组绶、练染诸作,又各有细致的分工[54]。宋代文思院所辖有三四十作。

然而,官府手工业生产的产品不仅不面向市场,而且还限制了民营手工业的发展和市场的扩大。所以,官府手工业尽管有技术上的优势,并产生了协作的效果,但在经济上并未真正显示出来。相反,倒是产生了很多流弊,如工匠情绪不高,人力、物力大量浪费,管理上官僚主义严重等等。

　　私营作坊手工业是手工业结构形态的重要内容之一。在城市中,它是最主要的商品生产力量。作坊的规模有大有小,但小作坊肯定占绝大多数,正如农村中主要是个体农民一样。扬州有一富人,"宅基雄状","复有广厦,百工制作毕备"。[55]这个作坊规模想必不小。考虑到经营销售的便利和追求利润的目的,这个作坊在城的可能性更大一些。至于小作坊,在众多记载中往往只述及作坊的名称,而很少谈到其性质、规模、经营方式等。关于这种作坊的内部生产关系,胡如雷先生认为,一般是"帮工、徒弟必须'都组织得适合于师傅的利益',双方之间存在'宗法关系',还不是赤裸裸的金钱关系"。[56]手艺人,亦即民间工匠,是最小的个体生产,城乡皆有。他们要么开店经营,要么走街串巷,出卖技术。如"越州有寺名宝林,中有魔母神堂,越中士女求男女者必报验焉。……陆氏于寺门外筑钱百万募画工,自汴、滑、徐、泗、扬、润、潭、洪及天下画者,日有至焉,但以其偿过多,皆不敢措手"。[57]这一类人无固定组织,但为数想必不少。

　　乡村手工业大致包括家庭手工业、私营手工业作坊和

个体手工业者(工匠)。家庭手工业是比较古老的手工业
组织形式,在古代社会手工业中居于统治地位。在以往的
研究中,人们一谈到工业生产必认为首要的是官府工业。
诚然,官府手工业是城市手工业中最主要的部分,而且关于
官手工业的资料比较丰富,因而研究者们对它的认识会更
多、更详备些。但一个不争的事实,即作为占社会绝大多数
的农民,不能不消费一个相当数量的手工业品。当然,这些
手工业品大部分来自于自给,少部分仰给于市场,正如方回
所看到的,农民"携米或一斗,或五七三四升,至其肆,易香
烛、纸马、油盐、酱醯、浆粉、麸面、椒姜、药饵之属不一"[58]。
唐代全国人口总数在七千万上下[59],宋代有人口一亿以
上[60]。可以想见,作为农家经济重要补充的家庭手工业在
手工业构成中应该占居一个相当大的比重,而且具有极其
重要的地位。

农民必须从事手工业生产,固然是由于小农经济自身
的特点所决定的,但也源于农业生产的特性。众所周知,农
业生产是季节性的,由此导致的劳动的分配必然极不均衡,
加强副业生产和手工业生产成为理所当然的选择。其实,
古人也知道这一点,所谓"农功有时,多则半年。谚云:农
夫半年闲"[61]就是明证。于是,"工商各业多行于农隙"[62]。
这种情况至唐宋时期表现得尤为明显。

家庭手工业一般是生产自己消费的大部分手工业品,

所谓"生民之本,要当稼穑而食,桑麻以衣。蔬果之蓄,园场之所产;鸡豚之善,埘圈之所生。爰及栋宇、器械、樵苏、脂烛,莫非种植之物也"[63]。但是作为商品经济大发展的唐宋时期,家庭手工业已经在相当程度上具有了商品生产的性质。"宣州诸葛氏能造笔,柳公权求之,先与三管,语其子曰:柳学士如能书,当留此笔,不尔退还,即以常笔与之。未几,柳以不入用,别求笔,遂以常笔与之。先与者三管,非右军不能诸葛笔也"[64]。有一些家庭手工业,为了保证产品在市场上的垄断地位,因而"家专其业,"[65]甚至于传男不传女。如若女儿学到了家传绝技,就只能终身不嫁,以防技术外泄,如"缫丝织帛犹努力,变缉撩绫苦难织。东家头白双女儿,为解挑纹嫁不得。原注:予掾荆时,目击贡绫户有终老不嫁之女"[66]。至于乡村的个体手工业者,为数众多。有当砚工的,有制瓷的,有采矿的,有作木工、泥工的等等。例如,"歙之大姓汪氏,一夕山居,涨水暴至,迁寓庄户之庐。庄户,砚工也"[67]。

　　社会经济是一个复杂的有机体,不仅农业与工业之间存在着密切的联系,而且城乡的手工业之间也存在着一定的联系。马克思曾经指出,"在中世纪(日耳曼时代),乡村本身是历史的出发点,历史的进一步发展,后来便在城市和乡村对立的形态中进行",[68]因此,"工业在城市中和在城市的各种关系上模仿着乡村的组织"。[69]例如,最早出现于唐代的行会,主要是对市场进行统治和管理,对手工业干预较少,相较于前代,唐宋时期的工商业者在经济行为上比较自由,当然这并不排斥他们依然受着政教礼法的多重束缚。因此,唐宋时期,特别是经济发达地区的城乡手工业发生了相当的联系。辟如手工业者可以把自己的作坊任意设在城市或乡村,可以据自己的资财和能力随时调整自己的经营,而不会受到同行的干涉或阻挠。官府手工业聚集全国城乡的工匠,客观上有利于生产技术的交流,从而培养了一部分具有专门技艺的手工业者。[70]在手工业的发展和经济利益的驱动下,乡村地区相当一部分的农户可能放弃农业生产与农村小手工业生产相结合的生产模式,转向了城市手工业的生产。从经济的角度来看,市镇的形成,可以看成是与农业相结合的乡村手工业初步完成了向独立手工业过渡后的结果。[71]同时,我们也应该看到,唐宋时期城乡手工业的相互联系是有限的、局部的,对其不可过分高估。

二、城乡产业结构的变化和发展

如前所述,唐宋时期、尤其是两宋,在商品经济较为发达的江南等地,劳动生产率的提高,人口不断增长与人多地少矛盾所导致的集约化的经营,手工业的进步,商业性城市的出现以及作为城乡媒介的市镇的兴起与繁荣,促进了农业经济商品化程度的提高和商品货币经济的发达。在此前提下,城乡社会生产诸要素实现了一定程度的流动,相应地加强了人力的开发和地力的利用。这样,城乡产业结构慢慢地被突破了。

（一）城市产业结构的变化

唐宋时期城市产业结构的变化主要表现为产业结构的多元化发展趋势,这一变化在宋代表现得尤为明显。传统城市中,商业是城市最主要的经济部门,伴随着唐宋城市经济发展的日益成熟,这种以商业为主的单一产业结构被以工商业为主体,多种产业共同发展的产业形态所取代。

首先,城市手工业迅速发展,成为城市经济的重要组成部分。以宋代的都城手工业为例,北宋的东京和南宋的临安是宋代经济和商业的中心,在这两座当时世界的特大型都市里,手工业等行业得到了极为充分的发展。从官营手工业来看,东京和临安集中了全国绝大多数的官营手工业,这些政府控制下的官营手工业管理严密,分工更为细密,技术水平也较为先进。《东京梦华录》中称北宋东京"修造则创建明堂,冶铸则立成鼎鼐",足见这类官营手工业的水平。就民营手工业而言,由于民营手工业相较官营手工业对市场和交换的依赖程度更强,因此,在东京和临安这样市场发展水平较高的城市里也较先发展了起来。两宋的民营手工业行业和从业者众多,分工更加细密和深化,产品在数量上和市场化程度上都具有较高水平。《东京梦华录》记载北宋东京"东西两巷,谓之大小货行,皆工作伎巧所居"。
《梦粱录》中也说:"大抵杭城是都行之处,万物所聚,诸行
百市,自和宁门杈子外至观桥下,无一家不买卖者,行分最
多"。《西湖老人繁胜录》则说杭州有"四百四十行",此外
《都城纪胜》里也专门详细记载了南宋临安城内的各类手
工业"团行"的情况。唐宋以前,手工业在城市经济中属于
附属地位,到唐宋时期城市手工业地位上升,成为城市经济
的重要组成部分,这是城市产业结构的新变化。

　　其次,唐宋城市生活服务性行业逐步兴起,形成了多样
化的城市产业格局。在唐宋城市中,不但工商业繁荣,而且
在经济较为发达的大中城市中还兴起了很多新兴的社会服
务行业。这些新兴产业以服务性质为主,它们随着城市商
品经济的发展从传统的商业中逐渐分离出来,成为了继工
商业之后的又一大产业。

　　邸店业是唐宋服务业中的一大代表。邸店是供商人、
行人旅宿的场所,其主要是服务往来于城市的流动的人口,
其中商人是邸店旅宿的主体。"(处州)城外有大店,方建
造三年,极新洁。商客投宿甚众……客以其处交易趋市为
便,渐肯来宿"。[72]除了商人住宿于邸店外,道士住宿于邸
店,"开元十九年,道者吕翁经邯郸道上邸舍,中设榻施席
担囊而坐"。[73]当然其他人员也是宿于邸的也是有的。这说
明了城市与外界交流的加强。邸店也是储藏货物的产所。

随着唐宋市场的繁荣、城市经济的发展,邸店作为仓储功能得到进一步的发展,呈现出越来独立的趋势。如唐代长安,"市内货财,二百二十行,四面立邸,四方珍奇,皆所积集"[74]。在其他城市,邸店的这个作用也得到了发挥,如扬州、广州等城市在五代以来,随着这些城市经济的发展,城市与乡村联系的增强,城市商业的发展,邸店林立,邸店仓储职能得到了很好的发展。五代时期,邸店的仓储职能开始显现,"周世宗显德中,遣周景大浚汴口,又自郑州导郭西濠,达中牟。景心知汴口既浚,舟楫无壅,将有淮浙巨商贸料斛贾,万货临汴,无委泊之地……景率先应诏,踞汴流中要,起巨楼十二间……景后邀巨货于楼,山积波委,岁入数万计,今楼尚存"[75]。至宋代邸店作为专门化的仓储设施已经出现,这是不争的事实。《夷坚志》丁志卷6记载道:"(杨客)举所赍沈香、龙脑、珠珍,纳于土库中,他香布苏木,不减十万缗,皆委之库外,是夕大醉,次日闻外间火作,惊起,走登吴山,望火起处尚远,俄顷以及唐翁家。"[76]这里的库就是邸店的一种,加藤繁先生对此有很好的认识,"在唐宋时代,就有现在所谓仓库(即以坚牢的建筑物设备,保管别人的货物与)的一种营业。而这种建筑物是邸、店等种种名称来称呼的"[77]。

娱乐业也是城市服务业的重要组成部分。随着城市经济的发展,两宋城市娱乐业有了长足的发展。瓦市勾栏是宋代城市娱乐的主要场所。瓦市又称瓦舍、瓦子、瓦肆,何谓瓦市,吴自牧在《梦粱录》解释为:"瓦舍者,谓其'来时瓦舍,去时瓦解'之义,易聚易散也。"[78]《都城纪胜·瓦舍众伎》解释为:"瓦者,野合易散之意也。"[79] 勾栏是从瓦舍里面划出的多个供演出的圈子。瓦市起源"不知何时",但是可以肯定的是,宋代瓦市在京城发展很快,瓦市数量很多,而且规模很大,吴自牧的《东京梦华录》有多处瓦子的记载,如大内东角楼街巷瓦子最集中,"街南桑家瓦子,近北则中瓦,次则里瓦。其中勾栏五十余座"[80]。南宋瓦舍更是得到了进一步的发展,南宋临安更是瓦舍众多,据《西湖老人繁胜录》、《咸淳临安志》、《梦粱录》、《武林旧事》等诸书记载,共有 25 处之多。对此乐文华在《论两宋都城的服务市场》论述道:"南宋驻哗临安后,临安城里瓦子的发展超过东京。到南宋中期,临安城内有南瓦、中瓦、大瓦、北瓦、蒲桥瓦。唯北瓦最大,有勾栏十三余座,就连城外也有二十座瓦子"[81]。瓦市勾栏在宋代盛况空前,尤其是以两宋都城汴京和临安为最。宋代其他府州县城市有瓦市勾栏的分布,只是规模相对大都市而言小得多。宋代瓦市勾栏为典型的娱乐业的兴起,是宋代商品经济高度发达的必然结构,是宋代城市经济繁荣的必然产物。说明了城市服务业由满足市民基本的生活需要,向满足市民的精神生活的需要的发展,这说明了城市服务业得到了质的发展。

　　宁欣教授通过对唐宋城市服务业的研究认为,唐宋时期城市的生活服务业取得了长足的发展,例如生活服务业经营内容和项目扩大,逐渐形成了规模化的经营;从事服务行业的人员也不再局限于工商业者,还包括了更广阔的社会群体。此外,剔粪业、修理业、拾荒业、器物租赁业、保洁业和雇佣服务业等新兴行业兴起,成为了新的行业增长点。[82]城市生活服务性产业的发展是城市发展水平的体现,也是唐宋城市产业结构变化的真实反映。

　　总之,唐宋时期城市产业结构,出现了由以商业为主的格局向以工商业为主体、多种产业共同发展的格局转变的趋势。当然,由于不同城市的特点和发展水平的差异,城市之间在产业发展的水平上也有所不同。一般来说,都城和大型经济城市的产业结构发展较为完善,其他类型的城市则相对有所欠缺。城市的产业发展与地理环境和经济发展水平等因素有直接联系。不过,可以肯定的是,唐宋城市经济都在经历着这一由单一性向多元性迈进的产业结构的变化。有人认为,在北宋时期城市私营手工业中消费性的行业大于生产性的行业,还不能为农村提供大量的手工业产品,以促进城乡的物资交流,因而这种生产也仍然是属于封建性的,并没有冲破自给自足的自然经济范畴[83]。但是,这种情况在南宋已经出现了明显的变化,以往以消费性为主的城市经济形态增加了生产性的因素,"城市的生产性功能不断增强,从而在很大程度上改变了以往城市经济的纯消费特征"[84],应当说,这是唐宋城市经济发展的一个值得注意的动向。

(二)农村产业结构的变化

唐宋时期农村产业结构的变化反映在农村经济结构的改变上。随着商品经济的发展和山区开发的深入,唐宋时期商品性农业获得了较大的发展。

唐代,粮食和其他副产品的商品化趋势加强。越来越多的农民将农副产品拿到市场上出售,越来越多的剩余农副产品转化为商品。例如粮食,很多中小地主和个体小农都将剩余的粮食投入到市场中,如漳浦人林昌业"有良田数顷,曾欲春谷为米,载诣州货之"[85]。灵池县村民"将豆、麦入城货卖,收市盐、酪"[86]。《太平广记》卷172《赵和》条引《唐阙史》更记载说:"楚州淮阴农,比庄俱以丰岁而货殖焉。其东邻则拓腴田数百亩,资镪未满,因以庄券质于西邻,贷缗百万。契书显验,且言来岁赍本利以赎。至期,果以腴田获利甚博,备财赎契。"可见,这一地区的商品性粮食生产已形成了一定规模。此外,市场上的其他农副产品还有不少。《太平广记》卷159《定婚店》条引《续幽怪录》载贞观二年(628)宋城"卖菜家"陈姓老妇"鬻蔬以给朝夕"。同书卷401《龚播》条引《河东记》载三蜀大贾龚播,"其初甚穷,以贩鬻果蔬自业"。这些都说明蔬菜和水果等园圃产品都已经作为商品在市场上出现了,其生产有了很明显的商业化目的。又如其他的花卉、蜂蜜和甘蔗等产品,都是作为商品来生产的。此外,市场上还有了家禽肉食、鱼蟹水产等出售,这说明大量的农副产品开始进入市场,农业中商品化生产已经有了显著发展。

唐代在茶叶的生产中已经出现了明显的商业化倾向,代表着唐代商品性农业的发展水平。唐代茶叶的商品性生产自唐中期以后异军突起,茶叶产量的巨大、茶叶名品不断涌现,茶叶贸易的繁荣,使得茶叶逐渐成为了全国范围内的大宗商品。作为一种奢侈品,普通小农一般不消费,除了缴纳赋税之外,多是将产品投入市场,交换自己所需的日用品。唐代中期以来,饮茶之风盛行,促使农村中的茶叶种植和加工更加发展,在乡村中出现了很多兼营茶叶生产的农户。如李翱曾记载地主王野人"植茶成园,犁田三十亩以供食"[87]。另外,在南方已经出现了很多经营专业化水平较高的茶园,出现了一些专门生产茶叶的茶园户。如四川地区,"蜀之茶园,皆民两税地,不殖五谷,唯宜种茶,……民卖茶资衣食,与农夫业田无异"。[88]此外,寺院茶园和国有茶园都从事茶叶的生产。[89]茶叶生产的商业化和专业化,充分说明了唐代商品性农业和农业生产的发展水平。

宋代,随着商品经济和农业生产的进一步发展,农业商品化和多种经营的情况有了更为显著的提高。在一定的地区和情况下,人们经营蚕桑纺织、各类经济作物以及山货水产的采集加工等等,在劳动时间和劳动强度上,都未必稍逊于原来的主业。许多农副产品的消费趋向,也日益背离生产者或者业主家庭的自给需要,纷纷卷入市场的流通之中。对某些生产者来说,其产品卷入流通的部分,在数量上也远远超过自家或者业主留用的部分[90]。宋代商品性农业的发展主要表现在商业性农业的普及以及乡村专业户的出现两个主要方面。

首先,商品性农业生产已经大为普及。首先来看粮食生产。宋代粮食商品化,主要表现为投入市场的粮食数量增多和粮食市场的发展。如荆湖南路,"民计种食之外,余米尽以贸易"[91]。广西西路,"田家自给之外,余悉粜去,曾无久远之积"[92]。苏轼也亲见黄州,"累岁谷熟,农夫连车载米入市"[93]。两宋时期,全国很多地区都存在着米粮大量商品化的情况[94]。粮食交易的活跃,使得宋代的粮食市场十分发达。在乡村,"十家之聚,必有米盐之市"[95];在城市,广泛存在着米铺和米市:"细民所食,每日城内外不下一二千余石,皆需之铺家。……且言城内外诸铺户,每户专凭行头于米市作价,径发米到各铺出粜。"[96]粮食贸易的广泛存在,吸引了许多不同身份的人加入其中,商人、地主、官吏和农民都成为了粮食贸易者[97],并出现了大宗粮食的远距离贸易。可见宋代粮食商品化的发展水平已达到相当的程度。

宋代粮食生产率的提高,使更多的农民得以匀出劳力与土地种植经济作物。经济作物种植的扩大是宋代农业商品化发展的又一表现。以茶叶为例,入宋以来,茶叶的种植和生产更为普遍和大规模,远非唐代可比。特别是南方各地都普遍种茶,"夫南国土疆,山泽连接,远民习俗,多事茶园,上则供亿赋税,下则存活妻子,营生取给,更绝他门"。[98]宋景德元年(1004),官府的茶课收入就达569万贯[99],是唐代的14倍还多。宋代的蚕桑生产也有了突破,一部分地区的蚕桑生产已经具有了商业性生产的性质。在两浙的湖州、严州及临安府等地,农民"以蚕桑为岁计"[100],"谷食不足,仰给它州,惟蚕桑是务"[101]。再如,荔枝的种植在宋代也得到了空前的发展,福建路的荔枝生产走上了专业化道路,成为了农业的一个分支[102]。据蔡襄《荔枝谱》记载,仅福州一地,其"一岁之出不只几千万亿"。除上述之外,甘蔗、果树、蔬菜、园圃、种药等也都发展成为了独立的行业。

其次,面向市场而从事农副业生产的乡村专业户大量出现,这是宋代商品性农业发展的第二个重要表现,是宋代农村经济发展的一大亮点,代表着乡村经济新的发展方向。所谓乡村专业户,就是以交换为目的而从事某项产品的生产或加工的农村人户。唐代,在经济较为发达的江南地区,已经开始有农民从事专业化的副业商品生产,但仅限于个别地区和生产领域。两宋时期,茶园户、橘园户、花户、药户、漆户、糖霜户、水碾户、磨户、焙户、乡村酒户、机户、绫户、香户、蟹户等乡村专业户的大量出现，已经广泛存在于乡村经济作物的种植、加工和养殖等领域，只要有商品化的农副业生产，就有乡村专业户的存在，这在宋代以前是不多见的。宋代乡村专业户的特征主要是面向市场从事专门的商品性农副业生产，如茶园户，"自来采茶货卖以充衣食"[103]，"卖茶资衣食与农夫业田无异"[104]。在一些商品性较强的农副业中，集中了大量的专业户，如宋代有名的"糖霜户"。糖霜户在宋代以前并未出现，它是伴随着宋代甘蔗种植的扩大和糖霜制作而出现的。据王灼《糖霜谱》记载，宋代著名的糖霜生产区遂宁府小溪县伞山，"山前后为蔗田者十之四，糖霜户十之三"，"糖霜成处，山下曰礼佛坝，五里曰朝滩坝，十里曰石溪坝，江西与山对望曰凤凰台。大率近三百余家"，"山左曰张村……亦近百家"。可见这一地区糖霜生产的专业化程度。乡村专业户的出现，与宋代商品性农业和经济作物发展是一个问题的两个方面，它们共同说明了宋代的农村经济的市场化已经发展到了一定的高度。

总之，由唐入宋，农业产业结构不断深化，农村市场化和商品化程度显著增强。唐代农村产业结构的特点是粮食与其他副产品的商品化趋势加强，尤其是在茶叶生产中已经出现了明显的商业化倾向，茶叶的商品化代表了唐代商品性农业的发展水平。林文勋教授认为,唐代茶叶的种植不仅改变了农业的结构,而且带动了其他经济作物的发展,引起了经济结构在更大幅度和更大层面上的调整。茶叶将分散的小农与市场联系起来,使得农村卷入了商品经济之中,引起了农村经济作物的广泛种植和经济结构的调整,导致城乡经济关系出现新的面貌[105]。进入宋代,农村经济结构的发展则表现为商业性农业已经大为普及,乡村中出现了大量的专业户。从量上看,一方面,宋代茶、桑、果树、花卉等经济作物的种植以及养蚕、养鱼等养殖业都获得了很大发展,投入市场的农副产品增多;另一方面,为市场而进行的商品生产的农村专业户的大量涌现,在质的突破上表现为是为市场而进行商品生产。[106]宋代的乡村专业户已经广泛存在于乡村商品性农业生产的各个领域,茶园户、橘园户、花户、药户、漆户、糖霜户、水碾户、磨户等乡村专业户频繁地出现在各种文献中。这是唐宋以来农村产业结构的重大变化。唐宋农村产业结构的变化极大地提高了农业生产的市场化。傅筑夫先生指出,在商品经济结构中,农作物的商品化是一个重要方面,"即不但工业与农业分离,而且使农业本身变成工业——变成生产商品的经济部门。通过这种农业专门化的过程,创立了专门化的农业区域与农业经济体系,不仅引起农产品与工业品间的交换,并且引起各种不同的农产品间的交换。……各个地区和各个生产部门之间的生产分工,使各自的生产品早已都相互成为商品和相互成为市场"。[107]在商品性农业发展的促进下,城乡商品流通日益活跃、城乡市场交换日益紧密。林文勋教授指出:"农村经济结构的调整,提高了农村的商品化和市场化程度,过去联系较为薄弱的城乡关系一改旧况,变得日益紧密。在某些地区出现了城乡一体化发展的势头。"[108]这一看法可谓是一语中的。

注　释

1　郑学檬:《中国古代经济重心南移和唐宋江南经济研究》,岳麓书社2003年,第65页。

2　伊懋可在 *The Pattern of the Chinese Past* 一书中提出,中国在唐宋(特别是宋)出现了"经济革命",首先就是"农业革命"。这一观点受到李伯重等学者的批驳,李伯重指出"宋代江南经济革命"只是一个"虚像"。参见《"选精"与"集粹"与"宋代江南农业革命"——对传统经济史研究方法的检讨》,《中国社会科学》2000年第1期。

3　宁可:《中国封建社会的人口问题》,《光明日报》1982年6月21日《史学》。

4　参见冻国栋:《中国人口史》第二卷,复旦大学出版社2002年,第15页。

5　加藤繁:《宋代的户口》,《中国经济史考证》第二册,商务印书馆1959年,第258页。漆侠:《宋代经济史》,第45页。

6　37　49　漆侠:《宋代经济史》,第52、548、943页。

7　吴松第:《中国人口史》第三卷《辽宋金元时期》,第162页。

8　9　10　《新唐书》卷41《地理志》。

11　《册府元龟》卷678《牧守部·兴利》。

12　方勺:《泊宅编》卷3。

13　《宋史》卷173《食货志》。

14　参见李伯重:《唐代江南农业的发展》第四章第二节,农业出版社1990年。

15　高斯德:《耻堂存稿》卷5《宁国府劝农文》。

16　闵宗殿:《宋明清时期太湖地区水稻亩产量的探讨》,《中国农史》1984 年第 3 期。

17　《宋会要辑稿·食货》7 之 45。

18　漆侠:《宋代经济史》,第 138 页;龙登高:《宋代东南市场研究》,第 32 页。

19　参见李伯重:《唐代江南农业的发展》第五章;漆侠:《宋代经济史》第四章。

20　《马克思恩格斯全集》,第 26 卷第 1 册,人民出版社 1972 年,第 28—29 页。

21　《元和郡县图志》卷 29《江南道五·郴州》。

22　《酉阳杂俎》卷 10《物异》。

23　《直讲李先生文集》卷 16《富国策第三》。

24　《宋会要辑稿·食货》34 之 27。

25　参见周宝珠等:《简明宋史》,人民出版社 1985 年,第 356 页。

26　《三朝北盟会编》卷 176《绍兴七年正月十五日吕颐浩十论札子》。

27　《宋会要辑稿·刑法》2 之 137。

28　《大学衍义补》卷 22《贡赋之常》。

29　参见卢华语:《唐代长江下游蚕桑丝织业之发展》,《中国史研究》1995 年第 1 期。

30　吴泳:《鹤林集》卷 39《隆兴府劝农文》。

31　程俱:《北山集》卷 37《乞免秀州和买绢奏状》。

32　程泌:《洺水集》卷 10《壬申富阳劝农》。

33　范成大:《石湖诗集》卷 2《余杭道中》。

34　刘克庄:《后村集》卷 8《劳农二首》。

35　参见宋湛庆:《我国古代的大麻生产》,《中国农史》1982 年第 2 期;王毓瑚:《中国自古以来的农作物》(中),《农业考古》1982 年第 1 期。

36　参见漆侠:《宋代经济史》,第 140—145 页。

38　《资本论》第 3 卷,人民出版社 1975 年,第 371 页。

39　至顺《镇江志》卷 10。

40　《宋会要辑稿·食货》17 之 41。

41　李健超:《增订唐两京城坊考》,三秦出版社 1996 年,第 124 页。

42　吴慧主编:《中国商业通史》(第二卷),中国财经出版社 2006 年,第 483—489 页。

43　杜牧:《樊川集》卷 11《上李太尉论江贼书》。

44　苏轼:《东坡全集》卷62《乞罢宿州修城状》。

45　《文献通考》卷14《征榷考》。

46　《韩昌黎集》卷12《圬者王承福传》。

47　参见李晓:《论宋代小农、小工、小商的三位一体化趋势》,《中国经济史研究》2004
　　年第1期。

48　李昉:《太平广记》卷495《邹凤炽》。

50　胡如雷:《中国封建社会形态研究》,第252页。

51　参见傅筑夫:《中国封建社会经济史》第4卷,人民出版社1986年;周宝珠等:《简明
　　宋史》,人民出版社1985年。

52　《新唐书》卷148《百官志》。

53　《宋史》卷163《职官志·文思院》。

54　参见《唐六典》卷22《少府监·织染署》。

55　《稽神录》卷6《吴延滔》。

56　参见胡如雷:《中国封建社会形态研究》,第259—260页。

57　《太平广记》卷41《黑叟》引《会昌解颐》。

58　方回:《古今考·续考》卷18《附论班固计井田百亩岁入岁出》。

59　参见胡戟:《从"耕三余一"说起》,《中国农史》1983年第4期。

60　参见邹逸麟:《中国历史地理概述》,福建人民出版社1993年。

61　张履祥:《杨园先生全集》卷50《补农书》下。

62　《古今图书集成·职方典》卷1308《广州府风俗考》。

63　颜之推:《颜氏家训》卷上《治家篇第五》。

64　《白孔六帖》卷14《笔砚》。

65　《唐六典》卷3《户部郎中员外郎》。

66　元稹:《元氏长庆集》卷23《织妇词》。

67　何薳:《春渚纪闻》卷9《歙山斗星研》。

68　马克思:《资本主义生产以前各形态》,人民出版社1956年,第15页。

69　《马克思恩格斯选集》第2卷,人民出版社1972年,第110页。

70　参见李文海:《唐代官手工业的性质和作用》,中国人民大学中国历史教研室编:《中

国封建经济关系的若干问题》,生活・读书・新知三联书店1958年。

71　吴晓亮:《从城市生活变化看唐宋社会的消费变迁》,《中国经济史研究》2005年第4期。

72　《夷坚志》支庚卷6《处州客店》。

73　《太平广记》卷82《吕翁》。

74　《长安志》卷8《东市》。

75　释文莹:《玉壶野史》卷3《周景事》。

76　《夷坚志》丁志卷6《泉州杨客》。

77　加藤繁:《唐宋时代的仓库》,《中国经济史考证》,中华书局2012年,第384页。

78　吴自牧:《梦粱录》卷19《瓦舍》。

79　耐得翁:《都城纪胜》。

80　《东京梦华录》。

81　乐文华:《论两宋都城的服务市场》,《南昌大学学报(社会科学版)》,1994年第1期。

82　参见宁欣:《唐宋城市经济社会变迁的思考》,《河南师范大学学报》2006年第2期。刘艳秋、宁欣:《笔记小说中的唐宋都市生活服务业》,杜文玉主编:《唐史论丛》第8辑,三秦出版社2006年。

83　吴涛:《北宋东京手工业的发展》,《包头师专学报》1983年第2期。

84　陈国灿:《略论南宋两浙地区的城市产业形态》,《浙江师范大学学报》(社会科学版)2002年第5期。

85　李昉:《太平广记》卷355,《林昌业》条引《稽神录》。

86　黄休复:《茅亭客话》卷8,《女子画虎》条。

87　李翱:《解惑》,《全唐文》卷637。

88　《宋史》卷184,《食货志六》。

89　参见孙洪升:《试论唐宋时期的茶叶生产形态》,《聊城师范学院学报》2001年第1期。

90　94　郭正忠:《两宋城乡商品货币经济考略》,经济管理出版社1997年,第2、3、2—6页。

91　叶适:《水心集》卷1,《上宁宗皇帝札子》。

92　周去非:《岭外代答》卷4,《常平》。

93　苏轼:《苏东坡全集·奏议》卷12,《乞免五谷力胜税钱札子》。

95　《至顺镇江志》卷10。

96　吴自牧:《梦粱录》卷16,《米铺》。

97　参见姜锡东:《宋代商人和商人资本》第7章《宋代的粮商》,中华书局2002年版。

98　章如愚:《山堂群书考索·后集》卷57,《茶盐类》。

99　《续资治通鉴长编》卷66,景德四年八月己酉条。

100　《嘉泰吴兴志》卷20,《物产》。

101　《严州图经》卷1,《风俗》。

102　漆侠:《中国经济通史·宋代经济卷》上册,经济日报出版社1999年,第175页。

103　《续资治通鉴长编》卷282,熙宁十年五月庚午条。

104　《宋史》卷184,《食货志六》。

105　林文勋:《唐代茶叶产销的地域结构及其对全国经济联系的影响》,李孝聪主编:《唐代地域结构与运作空间》,上海辞书出版社2003年。

106　龙登高:《宋代东南市场研究》,第36—39页。

107　傅筑夫:《中国古代经济史概论》,中国社会科学出版社1981年,第274页。

108　林文勋:《唐代茶叶产销的地域结构及其对全国经济联系的影响》,李孝聪主编:《唐代地域结构与运作空间》,上海辞书出版社,2003年。

第六章　唐宋城乡经济关系的表现形态及影响因素

　　唐宋以前,就城市和乡村的关系而言,"农村不是与城市相分离,而是为城市所控制"。[1] 中唐以来,城乡差别出现并进一步加大,到宋代,随着社会经济的发展,城乡关系得到空前发展,城乡经济关系出现了新的面貌。本章主要对唐宋城乡经济关系的表现形态和影响因素做具体分析。

第一节　城乡经济关系的表现形态

　　唐宋时期城乡经济的发展促使市镇和城郊经济发展起来,市镇和城郊经济的发展是城乡经济之间联系和互动的表现;同时,由于不同地区生产发展水平的不同,城乡经济关系在不同的地区也呈现出不同的特点。

一、市镇的发展与城郊经济的繁荣

(一)市镇的发展

市镇包括镇市和草市两部分。镇最初是边地军事系统中的基层军事据点,唐代中后期至五代,随着军镇设置的增多,部分军镇人口大量增加,工商业也得以发展起来。北宋时期,政府一方面大量裁撤军镇,另一方面又在各地保留或者新设非军事性的镇,各地军镇向商业镇市全面转变。据史料记载,最迟在大中祥符四年,镇已经开始没置文、武官。[2] 武官为镇将,主要负责烟火公事;文官为监税,负责商税征收。到仁宗天圣四年,又根据部分转运司的建议,准许各府州军管下的镇市、道店的商税场务,以年商税 1000 贯为界,实行派官监管,否则许人买扑。[3] 傅宗文认为:"大约就在这一二十年中,军镇向镇市的转化,基本完成其历史使命,正式纳入地方行政建制的轨道而开始了镇市发展史的新时期。"[4] 草市作为乡村的小商品市场,早在唐宋以前就已出现,唐宋时期草市大量发展起来,一些草市的规模已经能与市镇相当,大约自天圣年中开始,草市镇上升为镇已成为一项普遍的经常性制度。

唐宋时期,市镇的发展主要表现在以下几个方面:

第一,市镇数量急剧增加。《管子·乘马》说,"方六里为之曝,五曝命之曰部,五部命之曰聚,聚者有市,无市则民乏"。可见,市集是中国古代农村传统的贸易形式。[5]有人研究指出,乡村市集转化为市镇并非唐代所独有,但乡村市集的大量市镇化却是在唐代,严格说是在唐中叶以后才出现的。[6]

至于唐代市镇的数量,由于史料阙如,实在难究其详。代表唐代市镇发展的典型是草市数量的增加。从"水市"、"亥市"、"橘市"、"面市"等名称频繁见诸于时人的诗文笔记,以及晚唐镇戍向镇市转化的事实来看,"非州县之所"兴起的草市镇当不在少数。杜牧《樊川文集》卷11《上李太尉论江贼书》中曾言:"伏以江淮赋税,国用根本,今有大患,是劫江贼尔……亦有已聚徒党,水劫不便,逢遇草市,泊舟津口,便行陆劫,白昼入市,杀人取财,多亦纵火,唱棹徐去……凡江淮草市,尽近水际,富室大户,多居其间。自十五年来,江南、江北,凡名草市,劫杀皆遍,只有三年再劫者,无有五年获安者。"[7]从这段记载我们可以看出:其一,江淮一带的"草市"为数众多;其二,这种草市多是在靠近水路等交通要道之处设立,由于是自发形成的,所以没有市壁、坊门以及官方的保护,容易成为江贼劫掠的目标;其三,这类草市居住着很多富室大户,既有富室大户居住期间,市内必然建有屋舍和店铺,这与一般的乡村集市已有所不同。唐代中叶以后,不仅是江淮地区,唐代其他地区如华北、益州、岭南等地区的草市数量也明显增多,对此张泽咸先生已有详细论述,兹不赘论[8]。值得说明的是,唐以前,华北地区不见有草市的记载,但中唐以后,华北地区草市的记载大量出现。如宋敏求《长安志》卷11中记载的京都万年县太平驿,就是设在县城东的草市。五代时期,华北地区的草市更是成批出现。如后周广顺二年正月敕:"诸州镇郭下及草市,见管属省店宅水碾,委本处常切管勾,其征纳课利,不得亏失。……所有货卖宅舍,仍先问见居人,若不买,次问四邻。不买,方许众人收买。……其两京城内及草市屋宅店舍,不在此例。"[9]这些记载说明,唐五代时期的草市数量确实有了较大的发展。

有学者认为,两宋以后,大中城市的发展完全停顿,城市化的新方向转到市镇。[10]"完全停顿"倒是未必,但市镇化成为两宋以降城市化的方向则是确切无疑的。北宋的《元丰九域志》列出了1884个镇,其中500多个镇有税场务。此外尚有若干人口少于2000的规模更小的市集,迄至南宋,虽偏隅江南,但仍存在有1280个镇,估计还有4000多个集市。[11]傅宗文先生也认为宋代东南地区有大约1250个市镇,而两浙路绍兴府所属的会稽、山阴二县就有市镇达33个。[12]陈国灿对南宋时期江南地区的市镇也进行了研究。他认为,南宋时期江南市镇掀起了发展的热潮,不仅数量大幅度增加而且形成了颇为密集的区域分布网络。以台州、庆元府(明州)和常州为例,南宋时期三府共有422处市镇,其中28处为镇,其余为草市。[13]尽管一些市镇因记载不尽详细而无从考定。但不论怎样,唐宋时期草市镇的广泛涌现,已形成乡间的市场网络,从而能动地改变了农民同商品经济联系的空间、时间结构。那种"闭门而为生之具以足"[14]的现象已不复存在,代之而起的是:"贩春笋担雁行来"[15];"崎岖蹢破布行缠,负米担盐似蚁缘"[16];"户户门通入郭船"[17];"大屋书旗夸酒米,小舟鸣橹竞鱼虾"[18]的生动画卷。

第二,市镇人口规模和比重快速增长。前文在"农村劳动力的转移"问题中,已概略地谈到农村人口流入城镇,成为固定工商业人口的情况,这里再从定量的角度予以说明。例如唐代宣歙镇,据《通典·州郡典》和《旧唐书·地理志》的记载,天宝年间,宣州有户121204,口884985,已多于润、常、苏、杭州;元和时,只少于苏州而仍多于润、常、杭诸州。就整个宣歙镇而言,据《元和郡县图志》记载,元和时在籍户数为91706,在江南八道中仅名列第五,地方亦最小,仅领三州二十县,但其财富却与两浙、淮南相埒[19]。究其因,除了发达的农业外,当更因为有发达的工商业,有众多的城镇人口从事冶铸、纺织、制茶、造纸、竹编、制笔等多种手工技巧和手工业以及商业所致。

据傅宗文先生统计,熙宁九年,东南地区的附郭草市镇保丁数达83100人,占全国附郭草市镇保丁总人数229957

人的 36%[20]，由此可见，东南地区商品经济繁荣，市镇经济发达。如所周知，福建一路，"土瘠民贫"[21]，"地狭人稠，为生艰难，非他处比"[22]。但随着南宋时期社会商品经济的发展，即使是僻处山区的汀州也迅速发展起来，涌现出 30 处草市镇，而且在短短的七八十年间，市坊户就由占乡村户的 3.64% 跃升为 48.50%，进而达到 48.66%，即几近乡村户的一半，并占汀州总户数的 32.73%；市均 2400 多户[23]。这种迅猛发展，固然主要是因为"福建一路，以海商为业"[24]的缘故，但这些"海商"实际上就是一座座流动的草市镇——海舶、纲船的主人。

第三，经济型市镇的出现。唐宋时期市镇的一个特点就是经济性的凸显，经济型市镇是唐宋时期，尤其是宋代市镇的主要类型。如所周知，市镇包括镇和草市两部分。如果说唐五代时期的镇仍旧存在军事性质的话，那么到宋代无论是镇还是草市，都是在商业和市场活动的基础上形成和发展起来的。这是唐宋时期市镇发展的一个重要变化。正如有人研究所指出的，唐宋时期的市镇，不论是兴起于州县城郊，抑或非州县之所的津渡船埠，还是演蜕自传统的定期乡村市集，它们都是自然形成的，即不假政治军事的强力，而是作为社会分工有所发展，商品交换相对活跃的产物，[25]因而较之州县治城具有强烈的经济性质；并进而从经济结构上与乡村分离和对立，试图破坏小农与家庭手工业密切结合的自然经济结构。这方面经济史学界已有人多所论列,兹不赘述。只是需要指出的是,唐宋时期的市镇,即使是在经济发达的东南地区,最终也未成为自然经济的掘墓者,其官市化的历史命运同这一时期其他新鲜事物一样构成了古代中国异于他国的"特色"。这亦从另一面体现了古代中国商品经济发展以及城乡经济融合的艰难性和曲折性。

市镇是城乡经济的桥梁和纽带,这是市镇在城乡经济关系中的主要定位。在政府管理方面,五代时期已有法令将市镇归入城市。后周广顺二年九月十八日敕文:"州县城镇郭下人户,系屋税合请盐者,若是州府,并于城内请合,若是外县镇郭下人户,亦许将盐归家供食。"[26]宋神宗时重新划分县尉与巡检的职责范围,规定"县尉但主草市以里,其乡村盗贼悉委巡检",[27]一些附廓草市已与城市一样纳入县尉管理职责之内。南宋时,建康府"南门之外有草市,谓之城南厢,环以村落,谓之第一都、第二都、第三都"[28]。可见,宋代一方面已经将草市逐渐纳入城市管理系统,列入城市坊厢体制进行管理。另一方面从市镇在社会经济中的功能和在城乡经济中所扮演的角色来看,由于市镇经济既有类似于城市的特征,又有农村社会的部分特点,是城乡经济联系的媒介和桥梁。樊树志先生在研究明清江南市镇时指出:"市镇的兴起与发展,反映了乡村逐步都市化的进程,因而市镇作为城乡间的中介和过渡地带,具有显著的历史意义。"[29]用这一观点反观唐宋时期,可以说,市镇的初兴正是唐宋时期城乡经济关系发展最显著的表现和最有力的证明。

(二)城郊经济的繁荣

在古代,城市郊区实际上是城市向乡村逐步扩展的中间形态,它虽在城墙之外但仍附属于城市。唐宋时期,随着城乡经济关系的发展,在城市郊区出现了有别于城市经济和乡村经济的区域性经济——城郊经济。城郊经济是城乡经济互动的产物,是城乡经济关系发展的表现形态。

宋代繁荣的城郊经济,是这一时期城乡经济关系发展的体现。在城乡之间相互联系与合作的新型关系之下,城乡经济互动逐渐频繁。一方面,宋代的城市化进程,使城市经济功能不断向外"溢出",城市对乡村的辐射功能日益加强,城市外围地区成为受市发展影响最为深刻的地区;另一方面,城乡市场体系的拓展,使乡村对城市的作用渐趋突出,城郊地区成为城乡经济联系的桥头堡。在这两种作用力的相互影响下,城市外围地带出现了有别于城市和乡村的景观,形成了有别于城市经济和乡村经济的城郊经济。

宋代的郊区,一般称为城郊,或称附郭。概括来看,它们大体表现为草市镇、厢坊体制和城郊模式三种类型。[30]两宋时期,在新型城乡关系的影响下,城郊经济渐趋繁荣。这主要表现在以下两个方面：

第一，城郊工商业的发展。在城市经济的拉动下，大批城市附郭草市和卫星市镇成长起来，构成了两宋城郊工商业发展的独特景观。北宋汴京"十二市之环城，嚣然朝夕"。[31] 明州"四郭皆有市"，市场交易活跃，"草市朝朝合"。[32] 成都府新繁县"负郭而渐家者溢千数"。[33] 南宋临安四郊，"城之南、西、北三处，各数十里，人烟生聚，市井坊陌，数日经行不尽，各可比外路一小小州郡"。[34] 南北两厢，"分任之地，皆六七十里，顾南厢所统，尤为延袤，北至艮山，南底南荡，五方杂居，水陆互市"。[35]据《梦粱录》记载，在临安周边十多里的范围内，就有浙江市、北郭市、湖州市、龙山市等十五个市镇。[36] 有些城郊市镇，"商贾骈集，物货辐萃，公私出纳，与城中相若。车驰毂击，无间昼夜"，[37] 具有较强的经济活力。在一些交通沿线的地区，附郭草市更为发达，如南宋著名的鄂州南市，"城外南市亦数里，虽钱塘、建康不能过，隐然一大都会也"，[38] "在城外，沿江数万家，廛闬甚盛，列肆如栉，酒垆楼栏尤壮丽，外郡未见其比。盖川广荆襄淮浙贸迁之会，货物之至者无不售，且不问多少，一日可尽，其盛壮如此"。[39] 附廓草市和卫星市镇的发达，使得城郊经济呈现出繁荣的景象。

第二，城郊人口的聚集。宋代以来，大量人口开始聚集于城市外围地区，在城郊形成了新的居民区。如高宗绍兴十一年,临安知府俞俟称:"府城之外,南北相距三十里,人烟繁盛,各比一邑。"[40]城郊人口的聚集,既有城狭人多,城市人口向外扩张的原因,如南宋的汀州"依山为城,境地狭隘,民居市肆,多在城外,以户口计,城外多于城内十倍"。[41]但是,城小人多只是问题的一个方面,城外草市的繁荣才是引起城外人户增多的主要原因。城郊工商业的发达和交通的便利,无疑使得大量的工商业人口聚集到城郊。《续资治通鉴长编》记载,神宗时"京城门外草市百姓,……多是城里居民逐利去来"。[42]苏轼在谈到淮南宿州的情况时也称:"自唐以来,罗城狭小,居民多在城外……兼诸处似此城小人多,散在城外,谓之草市者甚众。"[43]可见,城郊地区已经成为工商业者聚集的一个地方。正是由于大量人口的聚集,政府开始将附郭草市编入城市坊厢管理体制。如北宋汴京,真宗年间由于城外"居民颇多",于是"置京新城外八厢"。[44]南宋临安,城外设有"南北两厢"。[45]建康"南门之外有草市,谓之城南厢。环以村落,谓之第一都、第二都、第三都"。[46]大量的人口聚集于城郊,他们的工商业活动及其自身的消费需求促进了城郊经济的繁荣。

由上可见,两宋时期作为介于城乡之间的城郊地区已经出现了较为繁荣的区域性经济,并呈现出一些不同于城市经济和乡村经济的特点。大体而言,宋代的城郊经济具有以下儿个主要特点:

　　第一,体现城乡互动的社会再生产模式。城郊经济处于城市经济的强辐射场中,其社会再生产依托于城市并直接为城市服务。在城乡经济联系不断加深的情况下,城郊经济的社会再生产中出现了城乡互动的因素。在宋代,经由市场的个人消费是当时城市消费的主流。市场的日用品消费量不断扩大,是促进城乡连接、相互推动、彼此作用、向前发展的一个重要因素。[47]城郊的生产活动主要以满足城市需求为主要目的,反映了城乡之间的生产和交换关系,特别是在交通工具还较为落后的情况下,一些鲜活易腐的农产品和副食品,必然要靠城市附近的农村来生产,形成了城郊生产的特殊性。南宋人周必大《二老堂杂志》卷4载:"车驾行在临安,土人谚云:'东门菜,西门水,南门柴,北门米。'盖东门绝无民居,弥望皆菜圃。"赵蕃也记载,抚州城外"不惟稻陇有佳色,菜畦苗叶相与昌"。[48]在社会再生产过程中,城郊由于其连接城乡的特殊地理位置,成为城市生产的主要基地和城乡交换的主要市场。

　　第二,体现城乡联系的产业结构。宋代城郊经济中已经形成区别于城乡的多层次产业结构。尽管从产业结构、土地使用方向和人口就业构成上看,农业仍是城郊经济的重要组成部分,但是由于城乡联系的加强,城郊产业结构体现出城乡联系的新特点。首先,商品性农业是城郊产业的主导。苏州"城东西卖花者所植弥望,人家亦各自种圃者"。[49]隆兴府城南赣江沿岸,"悉是橘林,翠樾照水,行终日不绝"。[50]城郊经济立足乡村,面向城市,这决定了其农产品的商品率远远高于一般农村。其次,工商业是城郊经济的支柱。正如上文所论,宋代城郊工商业繁荣,随着附廓草市和卫星市镇的发展,工商业已经成为城郊经济的重要组成部分。再次,以城郊旅游业和交通运输业为主的第三产业发展起来,并成为城郊经济的重要补充。孟元老《东京梦华录》提到"大抵都城左近,皆是园圃,百里之内,并无闲地,次地春容满野",城郊旅游流行,因而郊区也是城外饮食业集中的地方。此外,城郊交通发达,城郊运输业较为兴盛。如临安"城外运河,在余杭门外东新桥之北,通苏、湖、常、秀、镇江等河。凡诸路纲运及贩米客船,皆由此河达于行都"。[51]在上述产业发展的影响下,城郊农民或兼营手工业、商业,或从事为城市服务的副业;市民也投资于农副业,其经济活动具有农工商结合的特点,[52]城郊产业呈现出城乡联系的特征。

第三,体现城乡融合的城市化水平。在新型城乡关系的带动下,两宋城郊经济体现出一定的城市化水平。从经济结构来看,城郊工商业的繁荣,使得城郊经济结构中工商业的比重不断加大,尤其是在附郭草市和卫星市镇集中的郊区,"商贾骈集,物货辐萃,公私出纳,与城中相若",经济结构与城市较为接近,城郊经济已经具有了非农化的特征。

从居民构成来看,郊区人口的构成主体主要是工商业者,即上文所谓"京城门外草市百姓,……多是城里居民逐利去来",由于工商业者的大量聚集,有的学者认为这些城郊地区已经演变成了"新城区"。[53]从政府对于城郊的管理来看,两宋时期,一些城市纷纷将郊区纳入城市管理系统,对城外草市实施分厢管理,使郊区成为城市向外拓展的一部分,这本身已经说明这些地区已经具有了一定的城市化水平。城郊经济中所体现出来的城市化水平,正是两宋城乡融合加强的一个表现。

两宋时期,作为城市经济功能向外溢出的直接表现,城郊经济上联城市经济,又与乡村经济直接相通,在城乡经济关系中发挥了重要作用。

第一,城郊经济是城乡经济发展的助推器。在日益密切的城乡经济联系中,城郊经济有效发挥了对两宋城乡经济发展的协同和促进作用。

首先,城郊经济是城市经济发展的保障,对城市经济的发展具有促进作用。一方面,城郊是城市副食品的主要生产地和供应地。宋代城郊分布着大片的农副业生产区,如福、泉、漳州和兴化军城内外,"唯种荔枝"。[54]广州城外陵山,"漫山皆荔子树"。[55]衢州,"未到衢州五里时,果林一望蔽江湄"。[56]这些生产区与城郭交互镶嵌,具有城乡结合的特征。另一方面,城郊是城市消费品集散的重要场所。以南宋临安为例,城东南郊区分布着菜市、鲜鱼行、南猪行,布行,蟹行、鲞团、姜行、菱行、鸡鸭行等众多商业市肆团行,[57]城北的湖州市则是临安的粮食集散地和粮食批发市场,[58]城南的浙江市和龙山市由于濒临钱塘江,交通运输便捷,是接纳周边地区原材料和农副产品的重要口岸。可见,城郊经济往往表现出明显的集散功能,对城市经济起到明显促进作用。

其次,城郊经济是乡村经济发展的先导,对乡村经济的发展具有示范性作用。两宋时期城郊经济中形成了较为发达的以蔬果花卉种植为代表的商品性农业,宋代社会中常见的橘园户、花户、药户、水碾户、磨户等乡村专业户在城市周边地区也最为集中。发达的商品性农业既代表着这一时期城郊经济的发展水平,也对乡村经济结构的调整产生了引领作用。与此同时,两宋郊区草市、市镇的发展,体现了这一时期农村城镇化的发展方向,不仅带动了草市镇周边农村经济的发展,也对农村城镇化发展产生了示范作用。总之,城郊经济的发展促进了农村地区经济结构的调整和市镇化的发展,提高了农村的商品化和市场化程度,过去联系较为薄弱的城乡关系一改旧况,变得日益紧密。在城郊经济较为发达的某些地区出现了城乡一体化发展的势头。

第二,城郊经济是城乡经济关系的纽带。两宋时期,城市与乡村之间在经济上的联系和协作不断加强,形成了城市与乡村之间"交相生养"的新型经济关系。在宋代城乡经济关系中,城郊经济始终发挥着纽带和媒介的作用。

首先,城郊经济是城乡商品流动的平台。据漆侠先生研究,城郊经济的发展,实际上是商品流向的两种运动形式的结果:一是农副产品的"求心"运动,即粮食、布帛等来自农村的产品,通过墟市、镇市向城市集中;一是手工业品的"辐射"运动,即手工业产品在某一产地大批量生产之后,由商人运往各地经销。[59]显然,城郊作为商品集散的重要环节,已经成为了城乡经济联系的一个枢纽之地,在城乡关系中具有重要的经济意义。正如孙升在阐述城乡之间"交相生养"的关系时指出的那样,"货殖百物,产于山泽田野,售之于城郊",城郊经济在城乡商品流动和集散中的作用不容忽视。

其次,城郊经济是实现城乡经济互动的桥头堡。城郊经济,由于毗邻城市,在农商结合、城乡结合上具有天然的优势,在宋代新型城乡关系的影响下,城郊经济充当着联接城乡经济、实现城乡经济互动的桥头堡作用。一方面,在城乡市场圈中,城郊经济属于斯波义信提到的城市的第一、二层市场圈,因此是城乡经济联系的前沿地带。另一方面,城郊经济也使城乡经济的交流互动更为便捷。宋代对进出城市的商品均需征收3%的门税,门税制度抬高了交易成本,成为城乡经济互动中的一道屏障。[60]在这样的情况下,中小商人为了避免这一额外的税收,更倾向于在附郭草市、镇中交易。城郊经济使城乡经济交流不再受制于城墙的设置和门税的征收等非经济因素的阻碍,城郊经济在城乡经济联系中的桥头堡作用可见一斑。

宋代城郊经济的发展是城乡经济关系的产物。两宋时期,随着社会经济的发展,城乡之间的交流与联系日趋加强,出现了城市与乡村之间"交相生养"的新型经济关系。在这一新型城乡关系下,城市对乡村的辐射力大为加强,农村对城市的影响也日渐突出,城郊经济就是在城乡之间这种相互依存关系中形成和发展的。城郊经济的发展,体现出宋代以来城乡经济不断融合发展的趋势,代表着城乡经济关系发展的新方向。

二、江南地区城乡经济关系的不同类型

同一时期的城乡经济关系虽具有一般的共性特征,但是由于资源禀赋和生产发展水平的不平衡,不同地区的城乡经济关系也呈现出不同的特点。这里以东南地区为例,探讨不同地区城乡经济关系的特点。漆侠先生指出,不同地区生产发展水平的不同是由劳动人口分布,生产工具,生产技术和方法以及农田水利建设等一系列差别造成的。[61]这里依据大略相同或相近的自然、经济、人口和政治环境,把东南地区划分为平原水乡、山区丘陵、沿海地带三个相对

独立的亚区,分别探讨它们城乡经济关系发展的特点。

（一）平原水乡地区

东南地区的平原水乡大概包括太湖平原、润州长荡湖周平原、鄱阳湖平原、江汉平原和洞庭湖平原以及一些盆地,其中以太湖平原最为典型。宋哲宗元祐七年,苏州吴县县尉郭受撰写的《吴县壁记》对太湖平原作了较为详尽的描述。[62]从郭受的叙述中,我们可以看到:太湖平原人口众多——熙丰年中,太湖平原有主客户601788 户,县 20 个。庆历四年,常州晋陵县户 2 万,有丁 10 万。[63]按户均 5 丁,加上男女老少,每户大概有 10 口人。[64]如此看来,此时太湖平原当有 600 万左右人口。作为圩田和江东犁的故乡,加之此时耙和肥料也已使用,因而太湖平原成了宋代著名的粮仓,诚所谓"苏湖熟,天下足"。据载,太湖平原乡间的"塌家"往往贮粮 10 至 100 万石,[65]就中家而言想必应贮粮数万石;至于小农,贮粮不会太多,但众多的人户汇聚在一起,其提供的粮食绝对量当不会是一个小数目。可以说,巨量的粮食作为商品在城乡市场上流通,供"四方取给",是平原水乡最突出的特点。欧阳修写道:"南方美江山,水国富鱼与稻,世之仕宦者,举善地,称东南。"[66]漕运亦最能说明这一点。据记载,宋太祖开宝五年,漕运江淮米仅数十万石;太平兴国三年,年漕运米骤增至 400 万石;至大中祥符初年,江淮运到汴京的漕米已高达 700 万石。[67]短短 30 年间竟增加了 10 多倍。南宋时候,苏州一地所出就足以应付东南岁供数额且有剩余,范仲淹曾这样写道:"臣知苏州日,点检簿书,一州之田系出税者三万四千顷,中稔之利,每亩得米二至三石,计出米七百余万石,东南每岁上供六百万石,乃州所出。"[68]平原水乡的粮食除运往北方外,还运往山多缺水,地狭人稠的地区,甚至于海外。显然,粮食作为商品的运动,已经成为了沟通城乡经济、活跃市场的重要桥梁,因而"中家壮子,无不贾贩以游者"。农民纷纷投身经商热潮,将剩余劳动力转向工商业生产或是大量种植经济作物,发展商业性农业。

(二)山地丘陵区域

东南地区除上文所述的平原水乡以及滨海的一些大小不等的三角洲和沿海低地外,其他区域主要是丘陵和山地。如两浙路的衢、婺、处、睦州,整个淮西路,江南西路的中部与南部地区,江南东路除江宁府、宣州、太平州、江州、南康军以外的其他州军,荆湖南北路除江汉、洞庭湖平原及一些盆地外的大部分区域;以及两浙路的杭、越、明、温、润、台州和福建路(后面两片区域既是丘陵山地,同时又滨海,下文将脱分出来单独论列)。一般说来,山地丘陵的经济尤其是农业经济,相较于沿海和平原,由于地理环境和交通条件的限制,显得封闭,自给自足的自然经济色彩相对浓重。但是,由于我国社会经济存在发展的不平衡性和地区性,亦存在较强的互补性。因此,山区丘陵经济的发展以商品性较强的经济作物为主,确有某种程度的客观性和优势。如婺州治所金华县,"城中民以织作为生,号称衣被天下,故尤富"。[69]东阳县城,"小箔鸣机几万家"。[70]睦州为木材及林产品的重要产地。淮西路乃是重要的茶产地,以至于宋政府很长一段时间于该路置 13 处买茶场榷买茶叶,并"皆课园户焙造输送"。[71]歙州、徽州"土人稀作田,多以种杉为业,杉易生之物,故取之难穷"。[72]歙州"祁门水入于鄱,民以茗、漆、纸、木行江西,仰其米自给"。[73]江西是重要的产茶地,早在唐代,浮梁县"每岁出茶七百万驮,税十五余万贯"。[74]至宋代,江西路产茶最多。两浙苏、杭、明、越等州,江东宣歙、江州、福建南剑州等也盛产茶。[75]水果之属在两浙、江西、福建山区种植较为普遍。柑橘以温州、太湖、吉州为著,荔枝福建最好;甘蔗遂宁所产最有名。[76]因此,丘陵山地经济以经济作物为主,多种经营,一方面是自然条件使然,但另一方面也是人多地少,向单一的种植业发展困难重重所致。因此,丘陵山地区域城乡经济关系的特点主要表现为具有天然商品性的经济类作物在城乡经济联系中发挥了独特而重要的作用。

(三)沿海地带

如前所述,沿海地区主要涉及两浙路的杭、越、温、润、明、台诸州以及福建路。两浙路上举诸州不仅有发达的农业与家庭手工业生产,而且因其沿江濒海,风樯浪舶,交通海内外,因而杭州钱塘江上"舟楫辐辏,望之不见其首尾"。[77]明州"城外千帆海舶风"。[78]江阴军城外"万里风樯看贾船"。[79]温州城"一片繁华海上头,从来唤作小杭州"。[80]便利的交通与运费低廉的水上贩运贸易,于沿江沿海地区城乡联系和经济发展意义重大。这一点,在福建路表现得更为典型。"福建一路,以海商为业"。[81]仗恃高超的造船技艺和航海胆识,扬帆远行,甚至漂洋出海,成为唐宋时期东南沿海地区一大社会风习。航海保护神"天妃庙遍于莆(田),凡大墟市、小聚落皆有之"。[82]宋仁宗年间,泉州晋江县人林昭庆,"少驰,以气自任。尝与乡里数人,相结为贾。自闽粤航海道,直抵山东,往来海中者十数年,资用甚饶"。[83]可见,海商的远距离贩运贸易,大大拓展了生产者和消费者与市场的空间、时间距离,加强了城乡之间的经济联系,从而成为沿海地区商品交换的特有形式。

概而言之,东南地区各区社会经济的发展促进了农村社会经济,尤其是商品经济的充分发展,从而为城市经济的发展和繁荣奠定了坚实的物质基础。与此同时,农村经济之为城市居民提供生活保障,为城市经济提供丰富的生产原料以及农民投身经商浪潮等等也刺激着农村经济进一步深化。这样,地区经济关系与城乡经济关系合二为一,融为了一体。

第二节　城乡经济关系的影响因素

　　唐宋时期城乡经济的发展在中国古代史上达到了前所未有的高度,出现了一系列新的特点。马克思指出:"人们自己创造自己的历史,但是他们并不是随心所欲地创造,并不是在他们自己选定的条件下创造,而是在直接碰到的、既定的、从过去继承下来的条件下创造。"[84]恩格斯也指出:"人民自己创造着自己的历史,但他们是在制约着他们的一定环境中,是在既有的现实关系的基础上进行创造的。"[85]由此看来,系统地而不是片面地考察城乡经济发展的社会经济因素,是城乡经济关系研究的一个重要内容。

一、商品经济的发展与城乡经济关系

　　商品经济的发展是考察中国古代经济史的具有历史哲学意义的视角。[86]在中国古代商品经济发展的马鞍形曲线中,唐宋时期是走出魏晋南北朝低谷之后的第二个高峰。登上这个高峰之后的商品经济发展,进入了一个平缓延伸的高原。唐宋商品经济的发展,引起了经济关系和社会关系的重要变革。唐宋城乡经济关系的发展无疑是在这个前提下展开的,因此商品经济的发展是唐宋城乡经济关系的首要影响因素。

有关唐宋商品经济的研究,学术界已经取得了大量的研究成果,这里无意复赘。我们仅从唐宋商品经济发展的两个重要表现——城市化和市场的发展来透视商品经济对城乡经济关系的影响。这是因为,商品经济的发展必然带来社会分工和交换的发展。在城乡经济关系方面,表现为城市与农村之间分工的深化和城乡间商品交换的发展。正如马克思所指出的:"一切发达的、以商品交换为媒介的分工的基础,都是城乡的分离。可以说,社会的全部经济史,都概括为这种对立运动。"[87]城乡经济关系,既包括城乡间由于分工所引起的生产方式和产业特点的差异,同时也包含了由于商品交换而引起的城乡联系。分工和交换是构成城乡经济关系的重要内容。唐宋时期,城乡分工的确立突出表现为唐宋城市化进程,城乡交换关系表现为城乡市场的发展以及市场网络的形成。

按照《中华人民共和国国家标准城市规划基本术语标准》(GB/T50280—98)的定义,城市化是指"人类生产与生活方式由农村型向城市型转化的历史过程,主要表现为农村人口转化为城市人口及城市不断发展完善的过程"。唐宋时期的城市化问题早有学者提出。如英国学者伊懋可(Mark Elvin)提出,唐宋时期出现了"市场结构与城市化的革命"。[88]吴晓亮教授也认为,唐末至两宋是古代城市化的一个重要时期,尤其是在两宋形成了城市化的高潮。[89]但是对于城市化问题,只关注城市及城市的发展是远远不够的。城市化的过程,既是城乡分工确立的过程,也是城乡关系调整的过程。因此,唐宋城市化的进程与城乡的经济关系具有重要而直接的关系。

对于唐宋,尤其是宋代城市化的若干表现,吴晓亮教授已经做过专门的论述。概言之,唐宋时期(主要是宋代)城市化的高潮主要有三个方面的表现:第一,城市人口的增长和商业的发展出现了充实和外溢的特征。第二,由镇的人口规模、经济职能、政权机构进一步发展而形成了一批经济城市,城市数量不断增加。第三,市镇和农村地区的经济、人口职业和社会生活都出现了非农业化,开始了城市化进程。[90]对于城市化与城乡关系之间的联系,有学者已经指出,城市化过程也是城乡关系调整的过程,是由以乡村社会为代表特征的城乡一体化走向城乡分离,再由城乡分离走向以城市社会为代表特征的城乡一体化运动。[91]如果将这一看法用于看待传统社会以来中国城乡关系的发展和变化无疑是具有启发意义的。而唐宋时期就是处在上述城乡关系调整的重要转折时期,城市化对于这一时期城乡经济关系的发展具有十分重要的作用。具体而言,唐宋城市化进程,加速了城市经济的发展,加剧了以工商业为主的城市与以农业生产为主的乡村的分离,促进了城乡间分工和城乡各生产要素的变动,引起了城乡之间在产业格局、人口构成方面的差异。关于这一问题,在前面几章已经有过论述。需要指出的是,城市化一方面引起了城乡之间的分工和差异,但这样的分工和差异并不是绝对的,城市与乡村并不是相互隔离的孤岛,正是这种城市化所引起的分工和差异,决定了城乡之间的经济联系不仅是可能的,也是必要的。一般认为,城市化的结果将会使得城乡差别的程度逐渐减弱或消失,城乡融合度提升,最终实现城乡一体化。但是,尽管唐宋时期出现了城市化的高潮,但城市化的水平仍然不高,城市化的范围和水平也是有限的,这也在客观上决定了唐宋时期城乡经济关系的总体特点。总之,城市化既是城市自身发展的过程,同时也是城乡关系的调整过程。唐宋时期的城市化是影响城乡经济关系的重要因素。

二、人口环境与城乡经济的发展

传统农业社会里,土地是中心资源,农业劳动是经济发展的主要动力。因此,人口与环境是促进城乡经济联系的重要条件。为了便于论述的针对性,以下仍以东南地区为例,具体阐述人口环境对城乡经济关系的影响。

(一)人口的影响

据《隋书·地理志》记载,隋朝河南、河北等北方地区人口密度最大,东南地区虽有显著增加,但因起点低,人口基数小,故仍然远远落后于北方,其人口密度在全国诸郡中仅排第九位。天宝年间，东南地区人口密度已同黄河流域并驾齐驱。"安史之乱"以后，人口大量南迁，东南户数跃居全国首位。[92]大规模的人口增长，标志着社会生产力的极大进步。在此基础上，东南地区的人口流动，尤其是农业人口的"迁业"流动进一步推进了城乡经济关系的变动。这里仅就未曾言及或述而不详的有关问题略作概述。

第一，唐宋东南地区经济的发展，城乡经济联系的加强不仅与人口数量的增加有关，更与人口的素质关系密切，后者在一定程度上影响更大。人口重心南移的过程，既是南方人户所占的比重逐渐压倒北方的历程，也是北方先进的农业、手工业生产技术南移的过程。插秧技术和稻麦复种随着北方人流离南下在东南地区逐步普及，从而大大提高了土地利用率，[93]可以说是农业发展史上的重大"革命"。李肇《唐国史补》卷下载："薛兼训为江东节制，乃募军中未有室者，厚给货币，密令北地娶织妇以归，岁得数百人。由是越俗大化，竞添花样，绫纱妙称江左矣。"[94]宋代，尤其是南宋政权的许多文臣武将大多来自北方，如岳飞、韩世忠、张俊、刘锜等，军队的主力也多由北方人组成。甚至于北方的语言在南方也产生了深刻的影响，明代的郎瑛在《七修类稿》一书中曾说杭州"城中语音好于他处，盖初皆汴人，扈宋南渡，遂家焉，故至今与汴音颇相似"。总之，北方大批人口，特别是高素质人口的南下，对南方经济、文化的发展起到了很大的促进作用,从而推动了城乡经济的交往和发展。

第二,人口的增长推动经济的发展,促进城乡联系的加强还有赖于社会生产力的发展和农业经济结构的开放性。人口的增长既是压力,也是动力,动力与压力的转换取决于社会生产力的水平和农村经济结构的变动。唐宋时期东南地区人口的增长既是当时该地区社会生产力水平所能容许的,同时,也是农业经济结构的开放性所迫切需要的,因而不但没有造成社会压力,反而推动了社会经济的前进和城乡联系的加强。

(二)自然环境的作用

自然环境是一个包容广泛的大概念,大体包括气候、水文、植被、土壤以及水陆交通等。唐宋时期东南地区自然环境的变化和影响,也是城乡经济联系的外在条件。就气候而言,江南地区隋唐时期比现在暖和,北宋转寒,南宋时期开始回暖。[95]气候变化的幅度随纬度增高而增大,因而北方变迁幅度大于南方,南方相较北方气候温暖,雨水充沛。在如此有利的条件下,江南(东南地区)复种指数处于较高水平,不仅双季稻轮作,稻麦复种,而且农民见缝插针似的种植棉花、蚕豆等经济作物;并利用各种零星土地广种桑树,发展丝织业。诚如吴泳所说:"吴中之民,开荒垦洼。种粳稻,又种茶、麦、麻、豆,耕无废圩,刈无遗垅。"[96]水利是农业的命脉。多雨水的东南地区在地理景观上表现为河流湖泊众多。唐宋时期尤其是宋代，兴修各种河渠湖陂等水利工程达到了空前的高潮。不论是平原水乡的河网，山地丘陵区的坝塘水利，抑或滨海临河区的挡潮蓄淡工程，都在原有基础上得到了长足的发展。《新唐书·地理志》记载，有唐一代江南地区有各种水利工程70余项。唐宪宗时，韦丹为江西道观察使，"凡为陂塘五百九十八所，灌田万二千顷"。[97]如此看来，《新唐书·地理志》记载的水利工程恐怕只是主要的，若以《韦丹传》所记水利工程数来推算，那整个东南地区怕不下数千万项。李伯重的研究表明，仅润、苏、常、湖、杭、越、明七州的水利工程就有55项。[98]到了宋代，东南地区水利工程又有更大的发展。据《宋史·河渠志》及《宋会要辑稿》统计，各种水利工程就有100余项，而且大多溉田百顷至数千顷。至于大运河的疏浚，鉴湖、练湖等原有工程的维修更是自不待言。不仅如此，宋代在水土保持、维护生态平衡方面亦多有建树。如宋太祖建隆三年"课民种树"，并规定"民伐桑枣为薪者罪之，剥桑三工以上，为首者死，从者流二千里；不满三工者，减死配役，从者徒三年"。[99]《宋大诏令集》中反映这方面的内容则更多。[100]在植被方面，唐宋时期东南地区虽然开发程度已很高，但相较北方，由于该地区开发较晚，加之气候有利于植物自我更生，因而中晚唐时还有"材干筋革，出自江淮"[101]之说。宋代漳州漳浦县依然"素多象,往往十数为群"。[102]这一时期,人工造林已普遍实施,所以,森林植被相对完好。这对于调节气候,蓄保水分,抗御灾害发挥了重大作用。唐宋时期东南地区的土壤由于相对安定的社会环境,人们对土地进行了大量的投入,因而土质逐渐优化,"地沃而物伙"。[103]此外,唐宋时期东南地区交通亦很发达。上文提到的众多水利工程不仅溉田,而且兼有航运之利。如唐后期为了保证漕运,曾"分官吏主丹阳湖,禁引溉"。[104]宋时,赵霖兴修平江府水利,从重和元年六月到宣和元年三月,不到一年时间,就"役工二百七十八万二千四百有奇,开一江、一港、四浦、五十八渎"。[105]除水路交通外,东南地区陆路交通亦相当发达。唐代驿道"凡三十里有驿,驿有长,举天下四方之所达,为驿千六百三十九"。[106]而且修有大量的河堤道路、圩堤道路、海堤道路。宋代进一步发展,使整个东南地区形成了交通网络。总之,唐宋时期东南地区经济之充满生机与活力,城乡经济联系表现出与前期不同的特点并大为加强,对自然环境及其变迁发挥了独特的作用。

三、城乡社会关系的发展

"社会关系的含义是指许多个人的合作",[107]是人们基于一定的需要而在劳动实践过程中以一定的方式结成的相互关系的总称。就其基本内容而言,社会关系包括生产关系以及政治、法律、道德、艺术和宗教等方面的关系。这些关系相互影响,相互作用,纵横交织,构成了一幅巨大的社会关系之"网"。人是社会关系之网的纽结,社会关系表现为人与人之间的关系。一般说来,社会关系可以划分为血缘关系、地缘关系、业缘关系三个层次。从血缘关系到地缘关系进而业缘关系的发展过程,也就是社会关系从初级到次级,从特殊取向到普遍取向,从小范围的同质组合到大规模的异质组合的发展过程。中国古代社会里,血缘关系的集体形式体现为民族和家庭;地缘关系一般体现为社区、区域或地域共同体;业缘关系则表现为家庭、行或帮等等。日本社会学家富永健一说:"无论中国还是日本,传统社会的结构基本上就是家庭、亲族和地域共同体。"[108] 可谓一语破的。

唐宋时期的商品经济得到了前所未有的发展,城市化,尤其是乡村市镇化掀起了新的高潮,城乡经济关系出现了一系列新的特点。这些特点的产生,与城乡社会关系的渗透不无联系。也就是说,城乡社会关系也是影响唐宋城乡经济关系的外在条件之一。

（一）小农家庭的变化

传统中国小农家庭,就其性质而言,是以血缘亲属关系组合的独立的生产经营组织和初级群体的统一体。"一夫挟五口,治田百亩"是传统中国典型小农家庭的生动写照。

至于功能,小农家庭是典型的"消费共同化的家庭生计功能(消费共同社会)和生产共同化的经营功能(生产共同社会)未分离的群体"。[109]显然,小农家庭的"多功能"必然导致其自给自足性和封闭性,造成家庭成员流动的困难等等。唐宋时期,由于商品经济的迅猛发展,血缘、地缘关系有所削弱,小农家庭与市场发生了相当程度的联系。尽管这种联系依然是自给自足的补充,但小农家庭由此不断增大其经济的意义,而不再主要只具有政治的、社会的意义,却是确定无疑的事实。应该说明,市场关系之进入小农家庭,并非肇始于唐宋,但这一时期,尤其是东南地区小农经济对市场的依赖程度是此前任何时期所无法比拟的,因而对城乡经济关系产生了重大影响。当然,小农家庭的经营活动并不仅仅受市场影响。事实上,小农家庭的决策受到多种因素的制约,诸如生产关系(尤其是租佃赋役关系)、市场以及非粮食作物、农家副业等,并在不知不觉中改变,从而达到家庭资源配置的优化,取得增长效果。客观地说,小农家庭的决策,不仅会考虑经济效益的最大化,而且是在兼顾家庭所承担的生活功能前提下来配置资源的,因而其经营机制有其合理性和必然性。这一点,从时人对农事的认识和生态农业、多种经营的开展中可见一斑。"种莳之事,各有攸叙。能知时宜,不违先后之序。相继以生成,相资以利用。种无虚日,收无虚月,一岁所资,绵绵相继"。[110]陈旉

《农书》还记载说:"夫山川原隰,……其高下之势既异,……视其地势,高水所会归之处,量其所用而筑为陂塘,约十亩田即损二三亩以潴蓄水。春夏之交,雨水时至,高大其堤,深润其中,俾宽广足以有容。堤之上,疏植桑柘,可以系牛,牛得凉荫而遂性,堤得牛践而坚实,桑得肥水而沃美,旱得决水以灌溉,潦即不致于弥漫而害稼。"诺贝尔经济学奖获得者、美国著名经济学家舒尔兹认为,农民是十分精明的经营者,因而传统农业中生产要素的配置是有效的,"没有一种生产要素没有得到利用"。[111]话虽绝对了些,但总的来讲还是比较客观公允的。要之,唐宋时期东南地区的小农家庭作为生产消费的统一体,因其血缘关系使得家庭成员之间信任感、忠诚感较强,并节约了组织成本,从而发展了农业经济,使城乡经济联系成为可能。小农家庭对市场的依赖使城乡经济联系成为现实。但也正因为其浓厚的血缘性,城乡经济联系受到极大的抑制而未能获得充分的发展。

(二)阶层分化的推动

唐德宗建中元年(780)两税法的颁行,标志着实施近300年的均田制的废弛。两税法后,国家采取"不抑兼并"的土地政策,宋朝一仍唐制,"不抑兼并","田制不立"。这些变化,促进租佃契约关系的形成发展以及社会各阶层及其结构的变迁。首先,表现为士人经商在法律上的合法化。

长期以来,历代统治者都十分强调严格区分士、商界线,所谓"四民分居定业"。直至唐前期还明文规定:"工商之家不得预于士,食禄之人,不得夺下人之利。"若在职官员及其家属经商,须解黜其职任,悔改者三年后听仕,三年后仍不悔改者,追毁告身,即依庶人例。[112]唐玄宗时候,还专门下过一道《禁士人干利诏》:"或有衣冠之内,寡于廉耻,专以货殖为心,商贾为利。须革前弊,以清品流。"[113]那么,禁例是何时消失的呢? 范文澜先生说:"士流兼营商业,在开元年间开始,禁例也逐渐消失。"[114]也有学者依据穆宗长庆四年的一道制敕推测说,官僚经商不再受律令约束始于此时。[115]但实际上,这两种观点都不确切。因为时至武宗时候,还下诏禁止士人经商,诏云:"如闻列朝衣冠,或代承华胄,或在清途,私置质库楼店,与人争利,今日已后并禁断。"[116]可见,官僚贵族普遍经商,且一般不再受制度限制,最早的时间起码也是唐武宗以后。历五代,至两宋,商业虽仍被视为末业,但官僚经商谋利已不足为奇。王安石曾指出,"自非朝廷侍从之列,食口稍众,未有不兼农商之利而能充其养者也"。[117]其次,农民改行不仅成为可能,而且可能致富。唐宋之际,随着土地所有制关系的剧烈变动,超经济强制逐渐松弛与弱化,农民改行的可能性大为增强,纷纷"狃于工商之利而不喜于农"。[118]最后,工商业者身份地位提高。唐中叶以后,和雇不仅遍及全国,而且深入到多种行业。宋代,和雇关系向更深入的程度发展,最突出的表现就是作为官奴婢身份的"贱民"已不复存在,差雇要支付"请受"或"食钱",有时官手工业也采取和雇方式,官手工业的垄断地位在私手工业的冲击下大大削弱等等。[119]与之相伴,唐宋时期商人的地位日益重要起来,重本抑末的观念发生了很大变化。毋庸置疑,工商业者与编户齐民的地位日益趋向平等。显然,社会各阶层的分化及其利益格局的调整,猛烈动摇了士族的统治地位,促进了商品经济的空前繁荣,城乡经济的发展和城乡经济关系的加强。

四、赋税政策与城乡经济关系

马克思指出:"国家存在的经济体现就是捐税。"[120]传统社会里,赋税和徭役是国家的主要经济支柱。地主政权一般是向地主和自耕农征税,向佃农直接进行课役剥削。由于"赋税是集中化的地租"[121],因而赋税的征收与分配方式取决于生产方式和社会经济关系,赋税制度随着土地关系的演变而亦步亦趋地发生变化。

唐中叶以后,均田制最终废弛,地主土地所有制发展到了一个新的历史阶段[122]。与之相适应,杨炎倡行两税法。两税法的推行,使得唐中叶以前赋税主要按丁、按口、按户征收的办法逐渐让位于按土地、按财产、按户等征收的办法,从而变成了一种资产税。至宋代,地主土地进一步膨胀,两税完全变成了田亩税,与唐代的"两税"已大相径庭[123]。这种重地轻人的赋税制度使得超经济强制在唐宋时期,尤其是宋代以后大为缓和[124],从而为经济的发展和城乡联系的加强提供了条件。

赋税制度中,大量征收货币的政策,对于加强城乡之间的经济联系亦有着不可忽视的作用。翻检历史,传统中国的地主政权绝大多数都往往采取大量征收货币赋税的政策。如汉代除田租外,口赋、算赋和更赋都征收货币,并在赋税结构中占居相当大的比重。唐代后期,不仅户税和两税中的"居人之税"征钱,而且还通过税茶、榷酒、盐铁专卖等收入巨额货币。至两宋,对货币的敛索进一步扩大,广大的纳税应役人自觉不自觉地走向市场。大致说来,宋代两税中的货币征收,包括创自五代十国而行于江东太平、宣歙、饶等州的钱粮混合税中的货币[125];受纳两税时漕司征敛的手续费(如头子钱);简化手续的畸零折直交钱;谷帛折钱等。此外,沿纳自五代十国的各种苛杂,诸如鞋钱、水场钱、酒曲钱、陪钱等等,亦有很大一部分交钱。这里,尤值一提的是宋神宗时期的变法——熙丰新法。熙丰理财,使宋廷缗钱岁入急剧增加。这其中,青苗钱、免役钱、市易钱是变法扩大货币征收的几个主要渠道。元丰八年,宋廷岁入中,缗钱为斛斗数的二倍[126],可见货币征收在国家收入中所占比重之大。宋朝对缗钱的征收,历代都在逐步增长,而熙丰是一个转折点[127]。傅宗文先生认为,除茶盐酒矾等榷课商税外,巧设钱税名目,加征收纳费用,百端折变支移,和籴和买,揽户敛钱代输是宋朝缗钱岁入大幅度增加的重要原因[128]。因为东南地区商品经济发展水平较高,因而"安石之免役,正犹杨炎之两税,东南人实利之"。[129]东南地区利之于货币敛索,虽有夸大之嫌,但纳税应役的货币税比重高于北方,则是有一定依据的。如江南十国子遗下来的身丁钱只存留于东南地区[130];南宋时,政府增设了经总制钱、月桩钱、折帛钱、版帐钱等一系列前代所没有的货币税;歙州甚至连夏税都征收货币[131]。熙宁九年,两浙路征收的免役钱额达 805844 贯,居全国第二位[132]。翌年,商税所入达 894475 贯,居全国首位[133]。这表明,赋税征钱在一定程度上扩大了商品货源,加剧了商品流通,从而拓展了市场,尤其是乡村市场,促进了城乡经济联系的加强。当然,赋税货币化一旦超出商品经济的实际水平,就会干扰商品的价格,使农民遭受"倍输"甚至"三输"之苦,进而妨碍商品流通和城乡经济交往。如宋代就曾因为"公私上下并苦乏钱",而"百货不通"。[134]"百货不通"不免夸张,但商品流通不畅是事实。另外,宋代商税制度中普遍存在着"门税"制度。宋代的门税有入门税与出门税之分,征收的货物种类包括了牛、蒲、鱼、果、竹木、炭、柴草、衣履、谷菽、瓷瓦、香药、盐、茶、金银、宝货等。[135]由于进入城市的商品在经过城门时都要被课以商税,税率一般为3%,如有同一种商品被带入城内交易后又被带出城外,该商品被征收的商税为5%—6%[136],因此"门税"制度无异于在城乡之间设置的一道人为的屏障,在一定程度上影响了城乡商品的流通和经济联系。

注　释

1　傅筑夫:《中国古代城市在国民经济中的地位和作用》,《中国经济史论丛》(上),生活·读书·新知三联书店1980年,第322页。

2　李焘:《续资治通鉴长编》卷76,大中祥符四年九月癸酉。

3　《宋会要辑稿》食货54之3。

4　12　20　23　30　128　傅宗文:《宋代草市镇研究》,福建人民出版社1989年,第83、180、181—182、283—293、69—71页。

5　《辞海·经济分册》,第400页。

6　参见牟发松:《唐代草市略论——以长江中游地区为重点》,《中国经济史研究》1989年第4期。

7　杜牧:《樊川文集》卷11《上李太尉论江贼书》。

8　张泽咸:《唐代工商业》,中国社会出版社1995年,第237—242页。

9　《五代会要》卷15《户部》。

10　参见赵冈:《论中国历史上的市镇》,《中国社会经济史研究》1992年第2期。

11　李春棠:《宋代小市场的勃兴及其主要历史价值》,《湖南师院学报》1983年第1期。

13　陈国灿:《南宋江南市镇与农村城镇化现象》,《四川大学学报》2006年第1期。

14　颜之推:《颜氏家训》卷上《治家篇第五》。

15　李之仪:《姑溪居士集》后集12《路西田舍示虞孙小诗二十四首》。

16　牟巘:《陵阳集》卷8《四安道中所见》。

17　陆游:《剑南诗稿》卷51《西村暮归》。

18　刘克庄：《后村全集》卷 6《怀安道中》。

19　韩国磐：《唐代宣歙镇之雄富》，《江海学刊》1992 年第 3 期。

21　真德秀：《真文忠集》卷 2《癸酉五月二十二日直前奏事》。

22　廖刚：《高峰集》卷 1《投省论和买银子》。

24　《东坡集》卷 56《论高丽进奏状》。

25　参见牟发松：《唐代草市略论——以长江中游地区为重点》，《中国经济史研究》1989
　　年第 4 期。

26　王溥：《五代会要》卷 27《盐铁杂条下》。

27　司马光：《传家集》卷 46《乞罢保甲状》。

28　真德秀：《西山文集》卷 6《奏乞为江宁县城南厢居民代输和买状》。

29　樊树志：《明清江南市镇探微》，复旦大学出版社 1990 年，第 5 页。

31　《宋文鉴》卷 2 杨侃《皇畿赋》。

32　舒亶：《舒嫩堂诗文存》卷 1《和马粹老四明杂诗聊记里俗耳十首》。

33　《成都文类》卷 24 周表权《新繁县新展六门寨记》。

34　耐得翁：《都城纪胜·坊院》，中华书局 1962 年，第 100 页。

35　《咸淳临安志》卷 53《官寺二》，程泌《续城南厢厅壁记》。

36　吴自牧：《梦粱录》卷 13《两赤县市镇》，中华书局 1962 年，第 238 页。

37　《咸淳临安志》卷 21《桥道》，冯楫《北关中兴永安桥记》。

38　陆游：《入蜀记》卷 3。

39　范成大：《吴船录》卷下。

40　《乾道临安志》卷 19《城南北左右厢》。

41　《永乐大典》卷 7895 引《临汀志》。

42　《续资治通鉴长编》卷 251，熙宁七年三月庚申条。

43　《东坡集》卷 62《乞罢宿州修城状》。

44　《续资治通鉴长编》卷 70，大中祥符元年十二月庚戌条。

45　《宋会要辑稿·食货》68 之 85、68 之 89，中华书局 1957 年，第 6296、6298 页。

46　真德秀：《西山文集》卷 6《奏乞为江宁县城南厢居民代输和买状》。

47　吴晓亮：《略论宋代城市消费》，《思想战线》1999 年第 5 期。

48　赵蕃:《章泉稿》卷1《抚州城外作》。

49　范成大:《吴郡志》卷30《土物下》。

50　72　范成大:《骖鸾录》。

51　《淳祐临安志》卷10《城外诸河》。

52　程郁:《宋代城郊发展的原因与特点》,《上海师大学报》1992年第1期。

53　李晓:《宋代工商业经济与政府干预研究》,中国青年出版社2000年,第86、87页。

54　蔡襄:《荔枝谱》。

55　方信孺:《南海百咏》,中华书局1985年,第19页。

56　杨万里:《诚斋集》卷26《衢州近城果园》。

57　《咸淳临安志》卷19《市》《梦粱录》卷13《团行》,中华书局1962年,第238页。

58　吴自牧:《梦粱录》卷16《米铺》,中华书局1962年,第269页。

59　漆侠:《宋代经济史》,中华书局2009年,第1000、1001页。

60　136　李景寿:《宋代商税问题研究》,云南大学出版社2005年,第121—122页。

61　参见漆侠:《宋代经济史》,第44页。

62　范成大:《吴郡志》卷37《县记》。

63　胡宿:《文恭集》卷35《常州晋陵县开渠港记》。

64　曾巩:《元丰类稿》卷9《救灾议》。

65　王炎:《双溪文集》卷11《上赵丞相书》。

66　《欧阳文忠公集》卷67《与范希文书》。

67　《宋史》卷175《食货志上三·漕运》。

68　《范文正公集》卷上《政府奏议·答手诏条陈十事》。

69　刘敞:《公是集》卷51《先考益州府君行状》。

70　刘子翚:《屏山集》卷17《过东阳》。

71　《宋会要辑稿·食货》29之6。

73　罗愿:《新安志》卷1《风俗》。

74　《元和郡县图志》卷28《江南道·饶州》。

75　《文献通考》卷18《征榷考·榷茶》。

76　王灼:《糖霜谱》。

77 《五代史补》卷 5《契盈属对》。

78 张津:《乾道四明图经》卷 8 引邵必《前题三首》。

79 《王文公文集》卷 55《予求守江阴未得酬(朱)昌叔忆江阴见及之作》。

80 杨蟠:《章安集·咏永嘉》。

81 《苏东坡集》卷 56《论高丽进奏状》。

82 刘克庄:《后村全集》卷 91《风亭新建妃庙》。

83 秦观:《淮海集》卷 3《庆禅师塔铭》。

84 《马克思恩格斯选集》第 1 卷,人民出版社 1972 年,第 603 页。

85 《马克思恩格斯选集》第 4 卷,人民出版社 1972 年,第 506 页。

86 林文勋:《历史哲学意义上的商品经济史研究》,《云南大学学报》2006 年第 1 期。

87 《资本论》第 1 卷,人民出版社 1975 年,第 390 页。

88 Mark Elvin(伊懋可): *The Revolution in Market Structure and Urbanization*. See *The Pattern of the Chinese Past*, Stanford1973, PP164—178.

89 90 吴晓亮:《宋代城市化问题研究》,《宋代经济史研究》,云南大学出版社 1994 年。

91 戴均良:《中国市制》,中国地图出版社 2000 年,第 191 页。

92 参见梁方仲:《中国历代户口、田地、田赋统计》,上海人民出版社 1982 年。

93 参见西嶋定生著、冯佐哲译:《中国经济史研究》第 1 卷,农业出版社 1984 年。

94 李肇:《唐国史补》卷下。

95 竺可桢:《中国近五千年来气候变迁的初步研究》,《人民日报》1973 年 7 月 21 日。

96 吴泳:《鹤林集》卷 9《隆兴府劝农文》。

97 《新唐书》卷 197《韦丹传》。

98 参见李伯重:《唐代江南农业的发展》,第 77—83 页。

99 《宋史》卷 173《食货上》。

100 参见《宋大诏令集》卷 182。

101 《全唐文》卷 699 李德裕《赐王元逵诏书》。

102 彭乘:《墨客挥犀》卷 3。

103 朱长文:《吴郡图经续集》卷上《物产》。

104　《新唐书》卷 53《食货志》。

105　《宋史》卷 56《河渠志》。

106　《新唐书》卷 46《百官志》。

107　《马克思恩格斯选集》第 1 卷，人民出版社 1972 年，第 34 页。

108　富永健一：《社会结构与社会变迁》，云南人民出版社 1988 年，第 223 页。

109　富永健一：《社会学原理》，社会科学文献出版社 1992 年，第 184 页。

110　陈旉：《农书》卷上《六种之宜篇》。

111　西奥多·W·舒尔茨：《改造传统农业》，商务印书馆 1987 年，第 27 页。

112　《唐六典》卷 3《户部尚书·户部郎中员外郎》。

113　《全唐文》卷 31《禁士人干利诏》。

114　范文澜：《中国通史》第 3 册，人民出版社 1978 年，第 336 页。

115　林立平：《唐宋时期商人社会地位的演变》，《历史研究》1989 年第 1 期。

116　《全唐文》卷 78《加尊号后效天赦文》。

117　《王临川集》卷 39《上仁宗皇帝言事书》。

118　苏辙：《栾城应诏集》卷 9《民政上》。

119　参见童书业：《中国手工业商业发展史》，齐鲁书社 1981 年，第 103 页。

120　《马克思恩格斯选集》第 1 卷，人民出版社 1972 年，第 181 页。

121　参见胡如雷：《中国封建经济形态研究》，第四章第二节。

122　参见武建国：《均田制研究》，云南人民出版社 1992 年。

123　详见沈世培：《两税向田亩税的转变及其原因初探》，《中国社会经济史研究》1990
　　年第 1 期。葛金芳：《两宋摊丁入亩论析》，《中国经济史研究》1988 年第 3 期。

124　详见葛金芳：《对宋代超经济强制变动趋势的经济考察》，《江海学刊》1983 年第
　　4 期。

125　罗愿：《淳熙新安志》卷 2《税则》。

126　苏辙：《栾城后集》卷 15《元祐会计录收入叙》、《元祐会计录序》。

127　梁方仲：《中国历代户口、田地、田赋统计》，第 297 页。

129　罗豫章：《罗豫章先生文集》卷 7。

130　陈傅良：《止斋文集》卷 26《乞放身丁钱札子》。

131　《淳熙新安志》卷2。

132　《宋会要辑稿·食货》65之18。

133　《宋会要辑稿·食货》16之7—9。

134　《宋史》卷180《食货志二》。

135　刘森:《宋代"门税"初探》,《中国史研究》1988年第1期。

结 论

从日本学者京都学派的代表人物内藤湖南在《概括的唐宋时代观》一文提出"中国中世和近世的大转变出现在唐宋之际"的观点之后[1]，唐宋变革问题成为一个世纪以来唐宋史研究的热点，唐宋时期作为一个变革的时代，已是学者们的普遍共识。唐宋变革的背景下，唐宋城市经济和乡村经济都获得了长足的发展，以致有学者提出唐宋时期出现了"市场结构与城市化的革命"和"农业革命"[2]。唐宋商品经济和城乡经济的发展，使得唐宋时期的城乡经济关系出现了重要的变化。

（一）

马克思指出："一切发达的以商品交换为媒介的分工的基础都是城乡的分离，可以说，社会的全部经济史都概括为这种对立运动。"[3] 城乡经济的依存关系，亦即城乡分工关系，主要表现为城市辐射乡村，乡村制约城镇。

第一，城市对乡村的经济辐射力大为加强。胡如雷研究指出：“中国封建城市政治、军事意义大于经济意义，商业的繁荣远远超过了商品生产的水平。”[4] 这种城市面貌至唐宋时期发生了一定程度的变化，因而对乡村的经济辐射力大为加强。

首先，推动了农产品商品化的提高和农业生产结构一定程度的变化。中晚唐以后，随着坊市制度的崩溃、夜市的出现以及草市镇的勃兴，城镇人口规模不断扩大，城镇工商业迅猛发展，从而大大推动了农产品商品化的进展和经济作物种植面积的扩大。农产品中，商品性较强的，自然首推丝织、茶叶、水果、蔬菜、水产品之类。这一类产品要么因为是奢侈品，农民自己不消费，要么就是自身消费有限，因而在完纳赋税和自家消费之余，其他投入市场出售。除此之外，作为农业生产主产品的粮食也在市场上广泛流通，这方面的例子不胜枚举，而且已受到了学者们的重视。需要指出的是，草市镇的勃兴推进农村市场空前发展本身，就是农业生产商品化倾向和农业生产结构改变的具体表现。这在城市化水平较高的东南地区表现得尤为突出。

其次，乡村人户获得了新的收入来源，因而就业结构、收入结构有一定程度的变化。古人言：“农工有时，多则半年。谚云：农夫半年闲。”[5] 如何利用这“半年闲”呢？很自然，“工商各业多行于农隙”。[6] 这其中，剩余劳动力利用农隙涌入城镇乡村市场，“负贩佣工”，以增加收入，延伸劳动力的利用。如山区农民"间遇农隙，一二十户相纠入窟"采矿[7]。"南城田夫周三，当农隙时，专以捕鱼、鳖、鳅、鳝为事"[8]等等。从而使劳动力及其他资源得以合理配置。

再次，少部分家庭手工业品被城镇工业品所取代。城镇手工业的发展，使得农家发现，家庭制作的一些物品，不仅花费大，而且质量低，转而购之市场，"不惟事简，兼更见用"，例如灯芯皂角、茸线染丝之类。[9]这方面的例子极其稀见，但反映出的意义却相当重大。

第二，乡村经济一定程度上影响城镇发展。如前所述，古代中国的城市政治、军事意义大于经济意义，因而城市的发展很大程度上不以乡村经济的发展为前提条件。但这并不是说，乡村经济，特别是农业经济对于城市发展无足轻重。唐宋时期，城镇的发展，尤其是草市镇的发展，是建基于乡村经济的发展和工商业勃兴基础之上的。马克思说："超过劳动者个人需要的农业劳动生产率，是一切社会的基础。"[10]验之唐宋时期的史实，可谓灼然不爽。古人云："夫粜，二十病农，九十病末。"[11]农业生产不发展或是歉收，必然导致粜贵进而使得手工业原料匮乏。宋代因"人工料物种种高贵"而价格剧涨，以至"炉户难以兴工"。[12]农业的衰退还意味着农村市场的缩小和某些手工业难以为继，"始小人贫时，无以自业，恃炭铁为命，而世久无事，所锻冶必农器。适岁荐饥，农不得利，率通亩去为末业，耕者日益

落。吾为犁、铫、镈、锄,穷一日力,仅得一器,辄一月十五日
不售。故甚窭如昔时"。[13]上例未明确说明这个冶铁作坊在
城还是在乡,但据这位"恃炭铁为命"的铁工的自述,其命
运完全依赖于农村经济,因而,从追求利润的最大化及当时
市镇勃兴的史实来看,该作坊可能是在市镇上。很显然,正
是因为城乡联系的加强,这个铁工方能"恃炭铁为命";同
时亦反映出,市镇私营手工业的兴衰与农村经济的兴衰紧
密相关。

(二)

唐宋城乡经济关系的发展,主要表现在这一时期城市
与乡村之间的经济关系由以往的"城乡一体"逐步走向"城
乡分离";与此同时,城市与乡村之间在经济上的联系和协
作不断加强,形成了城市与乡村之间"交相生养"的新型经
济关系。具体而言,表现在以下几个方面:

第一,从城乡社会再生产过程及城乡产业发展关系来
看,通过市镇的媒介,城市尤其是商业性较强的城市对周边
乡村的经济辐射力日渐增强,从而大大推进了农产品商品
化的提高和产业生产结构一定程度的调整,为农业剩余劳
动力提供了更多的就业机会,城市手工业对乡村手工业实
现了部分替代。正因为如此,城镇经济的发展壮大,也日愈
依赖于乡村的支持,即它的繁荣很大程度上取决于能否为

乡村的产品提供一个持续的市场。这种城乡分工依存关系在村落市场、县镇市场、州府市场、地方市场,甚至于区域市场网络体系的运作中得以实现;手工业品与农产品的交换促使城乡贸易日趋扩大,城乡联系不断加强。城乡社会各个等级不同的收入状况,决定了他们各自不同的消费水平和消费特点;城乡居民消费结构在层次上的深入和量上的发展,既是城乡社会经济发展的结果又成为其进一步发展的动力。

第二,就城乡生产要素的流动而言,大量农业劳动力通过种植经济作物,发展商业性农业,或是进入市场受人雇佣,步担贩运,经商作贾等途径,安置剩余劳动力,从而实现了资源配置的优化组合。如果说在特定条件下借贷资本在城乡间的流动有一定的积极意义的话,那么包买商人深入到乡村,则意味着商业资本在向生产领域艰难地渗透并展现着自身的革命性作用。草市镇的勃兴和乡村市镇化运动是城乡社会生产力发展和社会分工日趋扩大的产物,它们以其经济结构、人口职业构成、人口数量、市容市貌等有别于农村形态,从而推进了城市化进程。

概而言之,唐宋时期城乡经济关系可以用新旧掺杂和闪现出新时期曙光来简略概括。这种特征,从某种程度上来说,实际上也是中国传统社会后期城乡经济关系的共同特点。只不过,新时期的曙光在明清时期表现得更为亮丽而已。

（三）

马克思指出:"城乡关系的面貌一改变,整个社会的面貌也跟着改变。"[14]唐宋时期城乡经济关系的发展对唐宋社会产生了重要的影响,促进了唐宋商品经济的进一步发展和城市化的进程。但是,我们对于唐宋时期城乡经济关系的发展仍需要予以正确的估价。

第一,唐宋时期的城乡经济关系从根本上来讲受到当时社会生产力、生产关系的制约。除此之外,区域经济的发展水平,城乡人口、环境条件的变动,社会关系的渗透,以及国家经济政策、政治体制等,都给予城乡经济关系以重大影响。因此,这一时期城乡经济关系传统色彩依然相当厚重;乡村的商品货币关系仍然不够发达;城市数量少,具有典型经济意义的城市更少,因而经济辐射作用有限;城乡经济关系偏聚不均,仅在少数较发达的地区或区域表现得明显一些。总之,在所有的城乡经济联系中,城乡之间的商品交换关系只居次要地位,赋役征调等形式等仍然起着主导的作用。

第二,唐宋时期城乡经济关系本质上仍旧是皇权体制下的城市对乡村的统治和剥削,城市始终是"封建制度中国家机器的一个重要组成部分,是实施封建统治的一个中心"[15]。在城乡经济的互动中,城市的发展并没有带动乡村的发展,城市与乡村之间的差距仍旧不断拉大。梁方仲先生在论述明代社会经济的时候曾经指出,"商业的繁荣并不是建筑在农业和手工业有了相同比例的增长的真实基础上,而是虚有其表、外强中干的,它实际上是一种畸形的发展","大都市底下经济畸形底发展乃南宋、元代以来遗留下来的风气"[16]应该说古代城乡经济差距加大正是从唐宋时期开始的。费孝通先生指出:"从过去的历史看,中国都市的发达似乎并没有促进乡村的繁荣",在很大程度上"乡村对于这些市镇实在说不上什么经济上的互助,只是一项负担而已"。[17]这与亚当斯密在《国富论》一书中《都市商业对农村改良的贡献》一章中指出的西欧的情况截然相反。亚当斯密认为,在西欧,"农村居民一向处于在其与邻人的战争和对其上司的依附状态中,但工商业的发达,却逐渐使他们有秩序,有好政府,有个人安全和自由。这一效果,是最重要的,但却不为世人所注意"。[18]可见,中国传统社会中城乡经济关系与西欧城市经济对于农村发展的促进作用具有明显的不同,这也决定了传统社会城乡经济关系发展的深度。

　　需要说明的是,本书对唐宋城乡经济关系的论述,主要侧重于唐宋时期城乡经济关系的演进以及从社会再生产、生产要素及产业结构三个方面论述城乡经济关系,并对影响城乡经济关系的主要因素进行分析。对于唐宋城乡经济关系对唐宋社会的影响以及唐宋与西欧中古盛期的城乡经济关系的比较还尚未具体涉及,这将是笔者今后努力的研究方向。

当前,加快推进城乡经济社会发展一体化的进程,进一步统筹城乡社会经济发展已经成为现阶段新农村建设的重要内容。党的十八大报告提出:"解决好农业农村农民问题是全党工作重中之重,城乡发展一体化是解决'三农'问题的根本途径。要加大统筹城乡发展力度,增强农村发展活力,逐步缩小城乡差距,促进城乡共同繁荣,""形成以工促农、以城带乡、工农互惠、城乡一体的新型工农、城乡关系。"历史研究的目的不在历史本身,而在于未来。深入总结中国历史时期,特别是唐宋以来城乡关系,尤其是城乡经济关系的发展和变化,对于我们今天推动城乡经济社会发展融合,构建和谐城乡关系将不无历史启示。

注　释

1　内藤湖南著,刘俊译:《概括的唐宋时代观》,《日本学者研究中国史论著选译》(一),中华书局1992年。

2　Mark Elvin(伊懋可):*The Pattern of the Chinese Past*,Stanford University Press1973.

3　《马克思恩格斯全集》第25卷,第371页。

4　胡如雷:《中国封建社会形态研究》,生活·读书·新知三联书店1979年,第252页。

5　张履祥:《杨园先生全集》卷50《补农书》。

6　《古今图书集成·职方典》卷 1308《广州府风俗考》。

7　王之望：《汉滨集》卷 8《论铜坑朝札》。

8　洪迈：《夷坚支志》甲集卷 5《周三蛙》。

9　李元弼：《作邑自箴》卷 6《治家篇》。

10　《马克思恩格斯全集》第 25 卷，人民出版社 1972 年，第 885 页。

11　《史记》卷 129《货殖列传》。

12　《宋会要辑稿·食货》34 之 17。

13　《香溪集》卷 5《铁工问》。

14　《马克思恩格斯选集》第 1 卷，人民出版社 1972 年，第 123 页。

15　傅筑夫：《中国古代城市在国民经济中的地位和作用》，《中国经济史论丛》上册，生活·读书·新知三联书店 1980 年，第 332 页。

16　梁方仲：《明代粮长制度》（校补本），中华书局 2008 年，第 143 页。

17　费孝通：《乡村·市镇·都会》，《乡土中国》，上海人民出版社 2006 年，第 126—128 页。

18　亚当·斯密：《国民财富的性质和原因的研究》，商务印书馆 1974 年，第 371—372 页。

主要参考文献

一、历史典籍

荀况:《荀子》,辽宁教育出版社 1997 年。

商鞅:《商君书》,上海人民出版社 1974 年。

韩非:《韩非子》,河南大学出版社 2008 年。

桓宽著,王利器校:《盐铁论校注》,天津古籍出版社 1983 年。

司马迁:《史记》,中华书局 1959 年。

班固:《汉书》,中华书局 1962 年。

刘昫:《旧唐书》,中华书局 1975 年。

欧阳修、宋祁:《新唐书》,中华书局 1975 年。

脱脱等:《宋史》,中华书局 1977 年。

脱脱等《金史》,中华书局 1975 年。

董诰等:《全唐文》,中华书局 1983 年。

杜佑:《通典》,中华书局 1984 年。

张九龄等:《唐六典》,中华书局 1992 年。

王溥:《唐会要》,上海古籍出版社 1991 年。

长孙无忌:《唐律疏议》,中华书局 1983 年。

王钦若:《册府元龟》,中华书局 1960 年。

马端临:《文献通考》,浙江古籍出版社 1988 年。

司马光:《资治通鉴》,文渊阁四库全书本。

李焘:《续资治通鉴长编》,中华书局 1979 年。

徐松:《宋会要辑稿》,中华书局 1957 年。

王仁裕:《开元天宝遗事》,文渊阁四库全书本。

赵汝愚:《宋名臣奏议》,文渊阁四库全书本。

宋敏求:《唐大诏令集》,商务印书馆 1959 年。

李昉等:《太平御览》,中华书局 1960 年。

李昉等:《文苑英华》,中华书局 1966 年。

苏轼:《东坡志林》,中华书局 1981 年。

苏轼:《苏轼文集》,中华书局 1986 年。

王安石:《临川先生文集》,中华书局 1959 年。

潜说友:《咸淳临安志》,文渊阁四库全书本。

苏辙:《栾城集》,文渊阁四库全书本。

吴曾:《能改斋漫录》,上海古籍出版社 1979 年。

庄绰:《鸡肋编》,中华书局 1983 年。

罗愿:《新安志》,中华书局 1990 年。

刘敞:《公是集》,文渊阁四库全书本。

陈舜俞：《都官集》，文渊阁四库全书。

张方平：《乐全集》，文渊阁四库全书本。

苏洵：《嘉祐集》，文渊阁四库全书本。

吕陶：《静德集》，文渊阁四库全书本。

周去非：《岭外代答》，文渊阁四库全书本。

王柏：《鲁斋集》，文渊阁四库全书本。

沈括：《梦溪笔谈》，江苏古籍出版社1999年。

孟元老等：《东京梦华录（外四种）》，上海古典文学出版社1956年。

欧阳修：《文忠集》，文渊阁四库全书本。

朱彧：《萍州可谈》，文渊阁四库全书本。

熊番：《宣和北苑贡茶录》，文渊阁四库全书本。

黄儒：《品茶要录》，文渊阁四库全书本。

包拯：《包孝肃奏议集》，文渊阁四库全书本。

黄震：《黄氏日抄》，文渊阁四库全书本。

窦仪等：《宋刑统》，中华书局1984年。

江少虞：《宋朝事实类苑》，上海古籍出版社1981年。

苏辙：《龙川略志》，文渊阁四库全书本。

罗浚：《宝庆四明志》，文渊阁四库全书本。

朱翼中：《北山酒经》，文渊阁四库全书本。

陈敬：《陈氏香谱》，文渊阁四库全书本。

赵佶：《大观茶论》，《说郛三种》，涵芬楼本。

范成大:《吴郡志》,江苏古籍出版社 1999 年。

王存:《元丰九域志》,中华书局 1984 年。

李昉:《太平广记》,文渊阁四库全书本。

宋敏求:《长安志》,文渊阁四库全书本。

王建:《王司马集》,文渊阁四库全书本。

高承:《事物纪原》,商务印书馆 1937 年。

沈枢:《通鉴总类》,北京图书馆出版社 2004 年。

章如愚:《山堂群书考索》,中华书局 1992 年。

黄榦:《勉斋集》,文渊阁四库全书本。

李觏:《直讲李先生文集》,上海涵芬楼 1926 年影印本。

林希逸:《考工记解》,文渊阁四库全书本。

俞森:《荒政丛书》,台北商务印书馆 1986 年。

陈著:《本堂集》,文渊阁四库全书本。

刘颁:《彭城集》,文渊阁四库全书本。

司马光:《传家集》,文渊阁四库全书本。

范仲淹:《范文正集》,文渊阁四库全书本。

王称:《东都事略》,文渊阁四库全书本。

刘禹锡:《刘宾客文集》,文渊阁四库全书本。

陈耆卿:《赤城志》,文渊阁四库全书本。

吕祖谦:《宋文鉴》,上海古籍出版社 1994 年。

刘克庄:《后村先生大全集》,四部丛刊本。

沈垚:《落帆楼文集》,上海书店1995年。

赵彦卫:《云麓漫钞》,古典文学出版社1957年。

葛洪:《涉史随笔》,商务印书馆1936年。

罗愿:《罗鄂州小集》,台北商务印书馆1959年。

王安石:《周官新义》,文渊阁四库全书本。

董煟:《救荒活命书》,商务印书馆2005年。

傅恒等:《御批历代通鉴辑览》,吉林人民出版社1997年影印本。

李心传:《建炎以来朝野杂记》,文渊阁四库全书本。

朱熹:《晦庵集》,文渊阁四库全书本。

吴自牧:《梦粱录》,浙江人民出版社2004年。

楼钥:《攻媿集》,文渊阁四库全书本。

刘宰:《漫塘集》,文渊阁四库全书本。

洪迈:《夷坚志》,中华书局1981年。

辛弃疾:《稼轩长短句》,文渊阁四库全书本。

洪迈:《容斋随笔》,上海古籍出版社1996年。

陆游:《渭南文集》,文渊阁四库全书本。

陆游:《老学庵笔记》,中华书局1979年。

袁采:《袁氏世范》,天津古籍出版社1995年。

叶适:《水心集》,文渊阁四库全书本。

谢深甫等:《庆元条法事类》,黑龙江人民出版社2002年。

朱熹:《朱子全集》,四部备要本。

叶适:《习学记言》,文渊阁四库全书本。

司马光:《涑水记闻》,文渊阁四库全书本。

周密:《癸辛杂识》,文渊阁四库全书本。

佚名:《宋史全文》,黑龙江人民出版社2005年。

二、今人专著

马克思、恩格斯:《马克思恩格斯选集》,人民出版社1972年。

马克思:《资本论》,人民出版社1975年。

道格拉斯·C·诺思:《经济史中的结构与变迁》,上海人民出版社1994年。

陈国灿:《宋代江南城市研究》,中华书局2002年。

陈国灿:《江南农村城市化历史研究》,中国社会科学出版社2004年。

陈国灿:《古代江南城镇发展与社会演变研究》,西泠印社2005年。

陈国灿:《南宋城镇史》,人民出版社2009年。

程民生:《宋代地域经济》,河南大学出版社1992年。

邓广铭、徐规等主编:《宋史研究论文集》,浙江人民出版社1987年。

冻国栋:《唐代的商品经济与经营管理》,武汉大学出版社 1990 年。

冻国栋:《唐代人口问题研究》,武汉大学出版社 1993 年。

冻国栋:《中国人口史》(第二卷),复旦大学出版社 2002 年。

戴均良:《中国市制》,中国地图出版社 2000 年。

戴裔煊:《宋代钞盐制度研究》,中华书局 1981 年。

方行:《南宋农业史》,人民出版社 2010 年。

费孝通:《乡土中国》,上海人民出版社 2006 年。

傅筑夫:《中国封建社会经济史》,商务印书馆 1986 年、1989 年。

傅宗文:《宋代草市镇研究》,福建人民出版社 1989 年。

高聪明:《宋代货币与货币流通研究》,河北大学出版社 2000 年。

葛金芳:《宋辽夏经济分析》,武汉出版社 1991 年。

谷更有:《唐宋国家与乡村社会》,中国社科出版社 2006 年。

郭正忠:《两宋城乡货币经济考略》,经济管理出版社 1997 年。

郭正忠:《宋代盐业经济史》,人民出版社 1990 年。

华山:《宋史论集》,齐鲁书社 1982 年。

黄纯艳:《宋代茶法研究》,云南大学出版社 2002 年。

黄纯艳:《宋代海外贸易》,社科文献出版社 2003 年。

胡如雷:《隋唐五代社会经济史论稿》中国社会科学出版社 1996 年。

胡如雷:《中国封建社会形态研究》,三联书店出版社 1979 年。

贾大泉:《宋代四川经济述论》,四川社会科学出版社 1985 年。

姜锡东:《宋代商人和商人资本》,河北教育出版社 1993 年。

姜锡东:《宋代商业信用研究》,中华书局 2002 年。

鞠清远:《唐代经济史》,商务印书馆 1936 年。

鞠清远:《唐宋官私工业》,台湾食货出版社有限公司 1978 年。

李埏:《不自小斋文存》,云南人民出版社 2001 年。

李伯重:《唐代江南农业的发展》,农业出版社 1990 年。

李伯重:《理论、方法、发展趋势:中国经济史研究新探》,清华大学出版社 2002 年。

李华瑞:《宋代酒的生产和征榷》,河北大学出版社 1995 年。

李华瑞:《宋夏关系史》,河北人民出版社1998年。

李锦绣:《唐代财政史稿》,北京大学出版社2001年。

李景寿:《宋代商税问题研究》,云南大学出版社2005年。

李健超:《增订唐两京城坊考》,三秦出版社1996年。

李晓:《宋代工商业与政府干预研究》,中国青年出版社2000年。

梁庚尧著:《南宋的农村经济》,新星出版社2006年。

梁庚尧主编:《城市与乡村》,中国大百科全书出版社2006年。

梁庚尧:《宋代社会经济史论集》,台北允晨文化1997年。

梁方仲:《梁方仲读史札记》,中华书局2008年。

梁方仲:《中国社会经济史论》,中华书局2008年。

林文勋:《宋代四川商品经济史研究》,云南大学出版社1994年。

林文勋、谷更有:《唐宋乡村社会力量与基层控制》,云南大学出版社2005年。

林正秋:《南宋都城临安》,西泠印社1986年。

龙登高:《中国传统市场发展史》,人民出版社1997年。

龙登高:《宋代东南市场研究》,云南大学出版社

1994 年。

吕思勉:《吕思勉读史札记》,上海古籍出版社 1982 年。

马伯煌主编:《中国经济政策思想史》,云南人民出版社 1993 年。

马润潮:《宋代的商业与城市》,(台湾)中国文化大学出版部 1985 年。

缪坤和:《宋代信用票据研究》,云南大学出版社 2002 年。

宁可:《中国经济通史·隋唐五代经济卷》,经济日报出版社 2000 年。

彭信威:《中国货币史》,上海人民出版社 2007 年。

漆侠:《宋代经济史》,中华书局 2009 年。

孙洪升:《唐宋茶叶经济》,社科文献出版社 2001 年。

王家范:《中国历史通论》,华东师范大学出版社 2000 年。

王文成:《宋代白银货币化研究》,云南大学出版社 2001 年。

王曾瑜:《宋朝阶级结构》增订本,中国人民大学出版社 2010 年。

汪圣铎:《两宋财政史》,中华书局 1995 年。

汪圣铎:《两京梦华》,上海三联书店 1992 年。

魏天安:《宋代行会制度史》,东方出版社1997年。

武建国:《均田制研究》,云南人民出版社1992年。

武建国:《汉唐经济研究》,人民出版社2010年。

吴慧主编:《中国商业通史》(第二卷),中国财经出版社2006年。

吴松等:《中国农商关系思想史纲》,云南大学出版社2000年。

吴松弟:《中国人口史》第三卷《辽宋金元时期》,复旦大学出版社2000年。

吴晓亮主编:《宋代经济史研究》,云南大学出版社1994年。

徐吉军:《南宋都城临安》,杭州出版社2008年。

许涤新、吴承明主编:《中国资本主义发展史》第一卷,人民出版社1985年。

杨万钟主编:《经济地理学导论》,华东师大出版社1982年。

张鸿雁:《春秋战国城市经济发展史论》,辽宁大学出版社1988年。

张家驹:《两宋经济中心南移》,湖北人民出版社1957年。

张锦鹏:《宋代商品供给研究》,云南大学出版社2003年。

张荫麟:《中国史纲》,辽宁教育出版社 1998 年。

张泽咸:《唐代工商业》,中国社科出版社 1995 年。

赵靖:《中国经济思想通史》,北京大学出版社 2002 年。

朱伯康、祝慈寿:《中国经济史纲》,商务印书馆 1946 年。

朱瑞熙:《辽宋西夏金社会生活史》,中国社会科学出版社 1998 年。

朱瑞熙:《宋代社会研究》,中州古籍出版社 1982 年

亚当·斯密:《国民财富的性质和原因的研究》,商务印书馆 1974 年。

舒尔茨:《改造传统农业》,商务印书馆 1987 年。

加藤繁:《中国经济史考证》,商务印书馆 1959 年。

斯波义信:《宋代商业史研究》,台北稻香出版社 1997 年。

斯波义信:《宋代江南经济史研究》,江苏人民出版社 2001 年。

Mark Elvin, *The Pattern of the Chinese Past*, Stanford University Press1973.

三、研究论文

陈国灿:《略论南宋两浙地区的城市产业形态》,《浙江师范大学学报》(社会科学版)2002 年第 5 期。

陈国灿:《南宋江南市镇与农村城镇化现象》,《四川大学学报》2006 年第 1 期。

陈晓明:《简论北宋汴京市场的管制》,《河南高专学报》2003 年第 2 期。

陈衍德:《试论唐后期奢侈性消费的特点》,《中国社会经济史研究》1990 年第 1 期。

陈衍德:《唐代专卖机构论略》,《中国唐史学会论文集》,三秦出版社 1989 年。

程郁:《宋代城郊发展的原因与特点》,《上海师大学报》1992 年第 1 期。

郭正忠:《商税·斗秤·宋代市场——宋代市场小议》,《中国经济史研究》1996 年第 2 期。

何格恩:《唐代岭南的墟市》,《食货》1937 年第 1 期。

胡建华:《宋代城市市场管理简论》,《河南大学学报》1990 年第 4 期。

姜伯勤:《从判文看唐代市籍制度的终结》,《历史研究》1990 年第 3 期。

蒋铁初：《唐代市场管理制度探析》，《唐都学刊》2005年第6期。

鞠清远：《唐宋时期四川的蚕市》，《食货》1936年第2期。

李安林：《关于中国封建社会市场管理模式的思考》，《湖南社科》2002年第4期。

李春棠：《宋代城市外部空间的新格局》，《湖南师大学报》1990年第4期。

李埏：《北宋楮币史述论》，《思想战线》1983年第2、3期。

李埏：《从钱帛兼行到钱楮并用》，《宋史研究论文集》上海古籍出版社1982年。

李埏：《经济史研究中的商品经济问题》，《经济问题探索》1983年第3期。

李埏：《略论唐代的钱帛兼行》，《历史研究》1966年第3期。

梁仲勋：《唐代物价与物价管理》，《西北大学学报》1988年第3期。

林文勋：《历史哲学意义上的商品经济史研究》，《云南大学学报》2006年第1期。

林文勋：《商品经济与唐宋社会变革》，《中国经济史研究》2004年第1期。

林文勋:《唐代茶叶产销的地域结构及其对全国经济联系的影响》,载李孝聪主编:《唐代地域结构与运作空间》,上海辞书出版社2003年。

林文勋:《唐宋历史观与唐宋史研究的开拓》,载中国史学会、云南大学编《"21世纪中国历史学展望"学术论文集》,中国社会科学出版社2003年。

林文勋:《中国古代"富民社会"的形成及其历史地位》,《中国经济史研究》2006年第2期。

林文勋:《中国古代史的主线与体系》,《史学理论研究》2006年第2期。

刘艳秋、宁欣:《笔记小说中的唐宋都市生活服务业》,载杜文玉主编《唐史论丛》第8辑,三秦出版社2006年。

刘玉峰:《唐代对民间工商业的政策与管理》,《学习与探索》2001年第6期。

龙登高:《论宋代的捐客》,《思想战线》1990年第5期。

蒙文通:《从宋代的商税和城市看中国封建社会的自然经济》,《历史研究》1961年第4期。

牟发松:《唐代草市略论》,《中国经济史研究》1989年第4期。

牟发松:《唐代草市略论——以长江中游地区为重点》,《中国经济史研究》1989年第4期。

宁欣:《唐宋城市经济社会变迁的思考》,《河南师范大学学报》2006 年第 2 期。

乔幼梅：《论宋代西北区域市场的形成》，《庆祝邓广铭教授 90 华诞论文集》，河北教育出版社 1997 年。

唐耕耦：《唐五代时期的高利贷——敦煌吐鲁番出土借贷文书初探》，《敦煌学辑刊》1985 年第 2 期、1986 年第 1 期。

吴承明：《市场理论和市场史》，《平准学刊》第三辑，中国商业出版社 1986 年。

吴晓亮：《从城市生活变化看唐宋社会的消费变迁》，《中国经济史研究》2005 年第 4 期。

吴晓亮：《略论宋代城市消费》，《思想战线》1999 年第 5 期。

吴晓亮：《试论宋代"全民经商"及经商群体构成变化的历史价值》，《思想战线》2003 年第 2 期。

吴晓亮：《唐宋市场管理模式变化分析——以唐代"市"和宋代"税务"为对象的历史考察》，《中国经济史研究》2007 年第 4 期。

武建国、张锦鹏：《从唐宋农村投资消费结构新特点看乡村社会变迁》，《中国经济史研究》2008 年第 1 期。

武建国：《唐代市场管理制度研究》，《思想战线》1988 年第 3 期。

杨德泉：《唐宋行会制度研究》，《杨德泉文集》，三秦出版社 1994 年。

尹向阳:《宋代政府市场管制制度演进分析》,《中国经济史研究》2008 年第 2 期。

曾我部静雄:《唐宋时代的草市》,日本《社会经济学》1958 年第 24 期。

张弘:《中国封建社会城市市场管理综观》,《暨南大学学报》2003 年第 4 期。

张锦鹏:《唐宋时期产业内分工深化与市场拓展探讨》,《宋史研究论文集》,上海人民出版社 2008 年。

张邻:《论唐代国家的商业统制及其变迁》,《学术月刊》2005 年第 3 期。

赵冈:《论中国历史上的市镇》,《中国社会经济史研究》1992 年第 2 期。

郑学檬:《五代十国商品经济的初步考察》,《唐史研究会论文集》,陕西人民出版社 1983 年。

朱瑞熙:《宋代商人的历史地位及其历史作用》,《历史研究》1986 年第 2 期。

戴顺祥:《唐宋时期政府商业政策的变化》,《思想战线》2001 年第 1 期。

戴顺祥:《唐宋时期东南地区城乡产业结构及其发展变化述论》,《云南教育学院学报》1998 年第 3 期。

戴顺祥:《唐宋时期城乡生产要素及其变动》,《云南学术探索》1998 年第 3 期。

戴顺祥:《唐宋时期城乡经济分配和消费关系浅论》,《云南民族学院学报》1998 年第 3 期。

戴顺祥:《浅论唐宋时期东南地区城乡经济发展的原因》,《思想战线》1998 年第 6 期。

图书在版编目（CIP）数据

唐宋时期城乡经济关系研究 / 戴顺祥著 .

－北京：人民出版社，2013

ISBN 978－7－01－012737－8

Ⅰ . ①唐… Ⅱ . ①戴… Ⅲ . ①城乡经济联系－经济史－研究－中国－唐代Ⅳ . ① F299.294.2

中国版本图书馆 CIP 数据核字（2013）第 249793 号

唐宋时期城乡经济关系研究

TANGSONG SHIQI CHENGXIANG JINGJI GUANXI YANJIU

作　　者：戴顺祥

责任编辑：张秀平

封面设计：徐　晖

人民出版社出版发行

地　　址：北京市朝阳区内大街 166 号

邮政编码：100706　http://www.peoplepress.net

经　　销：新华书店总店北京发行所经销

印刷装订：北京昌平百善印刷厂

出版日期：2013 年 10 月第 1 版　2013 年 10 月第 1 次印刷

开　　本：1/32

印　　张：7.5

字　　数：180 千字

书　　号：ISBN 978－7－01－012737－8

定　　价：28.00 元